Pas de Problème

Daphne Hassett

Illustrations by Rebecca Campbell-Grey

Edward Arnold

© Daphne Hassett 1985

First published in Great Britain 1985 by
Edward Arnold (Publishers) Ltd, 41 Bedford Square, London WC1B 3DQ

Edward Arnold (Australia) Pty Ltd, 80 Waverley Road, Caulfield East,
   Victoria 3145, Australia

British Library Cataloguing in Publication Data

   Hassett, Daphne
      Pas de problème.
      1. French language—Grammar—1950–
      I. Title
      448   PC2112

      ISBN 0 7131 0865 7

Text set in 10/11 Univers Compugraphic
by Colset Pte Ltd, Singapore.
Printed and bound
by Thomson Litho Ltd, East Kilbride, Scotland

Acknowledgements

The author and publishers would like to thank the following for permission to reproduce or adapt
copyright material: *Dépêche du Midi; Le Figaro; France Soir; L'Humanité; L'Indépendant; Midi-Libre*, and the Bureau Municipal de Tourisme, Montpellier.

Contents

Preface

This book is an attempt to help all those who are studying French beyond the survival/tourist level to understand and have practice in French grammar and tenses. The aim has been to include all those sticky points which have, to a greater or lesser degree, been stumbling blocks for pupils in the years leading to examinations at 16+, and which continue to be stumbling blocks even in the lower sixth year. The past historic and past anterior tenses and the subjunctive mood have not been included.

The book can be used at various levels: teachers may find they can use some sections with second and third year able pupils; it will be invaluable at fourth and fifth year level; it could be used with lower sixth form groups who need to revise certain areas prior to embarking on A-level courses; finally, it might well be useful for adults wishing to revise their French independently before or whilst attending evening classes.

It is not an attempt to replace either the class teacher or the course book, but rather a means of providing further class practice, or homework to reinforce work done in class with the teacher. It can be used as extension material for individual pupils, or it can be used independently by pupils at home or in class if the teacher is absent.

The index and cross reference system should prove useful for those who choose to work through various sections at random, though it must be stressed that complete confidence in those areas covered in Part 1 will provide a more secure foundation for practice in topics covered in Part 11. Exercises marked Extra are for the more able linguist who wishes to practice more complicated structures.

French grammar can be made simpler when broken down for pupils to follow step by step. An understanding of *how* the language works leads to confidence in using the language, which in turn enables pupils to gain real pleasure in communicating in French. I am much indebted to all my past London pupils who have made my teaching experience such a happy one, and without whose response and enthusiasm for language-learning this book would not have come about.

Introduction

This book is for those of you who wish to practise or revise what you have already learned, but before you start working your way through *Pas de Problème*, you might like to refresh your memory, and make sure that you are familiar with some grammatical terms. You do not need to know **all** the code words to understand how a grammar system works. The following are the ones you will need when revising your French.

Grammar

This is the name given to the system which helps you decode the thousands of messages you can receive in spoken and written language. We all know our own language because we have been studying it every day of our lives since birth. Grammar can help us decode messages in a foreign language.

Verb

This is a word which describes things you **do**, or any **action**. It even describes concepts like 'to have to', 'to know', 'to be' and 'ought to'.

Infinitive

This is the name we use when **referring** to the verb, in the same way we would use a surname when referring to a family we know, e.g. **to eat**; **to breathe**. French infinitives end in -er, -ir, or -re, e.g. manger; finir; boire.

Noun

This is the name we give to a person, animal, place or thing. The French word for 'noun' is nom, which means 'name'. ('Child', 'pen' and even things like 'anger' and 'peace' are nouns.)

Pronoun

This is a short word which stands in for a noun once you know what you are talking about, e.g. it, she, us. There are also **relative pronouns** which help us link phrases together so that we speak coherently, e.g. who, which, that, to whom.

Subject

The noun or pronoun performing the action which the verb describes is called the **subject**, e.g. **The doctor's** coming.

Object

The person or thing upon whom the action is performed is the **object**. Beware! . . . the object of a verb does not have to be a **thing**! E.g. George loves **Anne**. = Georges aime **Anne**. Anne is the **object** of the verb in the sentence. (She is also the object of George's passion!)

Adjective

This is a word which describes a noun, e.g. paisible = peaceful.

Adverb

This is a word which describes a verb, or **how** we do things, e.g. paisiblement = peacefully.

Preposition

This describes position or place, e.g. under, over, on, through.

Are you clear about these grammatical terms? If so, read on!

More complicated code words

An auxiliary verb

Sometimes there are two verbs together in a sentence. One verb helps the other to express exactly what is meant, e.g. He **has** finished. The main verb is 'to finish', and the auxiliary is 'to have'. Auxiliary verbs usually help us to talk about tense.

Tense

Tense comes from the Old French word tens, which in modern French is temps (time). The tense of a verb tells us about when the action occurs, e.g. **now** (present tense), **looking ahead** (future tense), **looking back** (past tense).

Compound tense

This is a tense made up of two parts, the auxiliary and a past participle. E.g. **I have eaten**, I **had eaten**.

Participle

This is **part** of a verb and it is partly a verb and partly an adjective. E.g. **eaten, eating** (I have eaten, eating habits . . .)

Agreement

This word is used when you have to match adjectives with their nouns. This happens all the time in French, and we say that the adjective **agrees** with the noun. E.g. le beau garçon, la belle fille.

Inversion

This happens when you **invert** the verb and its subject, that is, when you turn it round. E.g. vous parlez . . . parlez-vous français?

Warming-up exercises

Just to make sure that you are clear about how to form simple sentences, here are five warming-up exercises for you to do before beginning the first section.

A Copy these sentences, then underline the subject and the verb. E.g. *Papa aide* Philippe.

1 Les enfants jouent.
2 Maman prépare le dîner.
3 Grand-mère écoute la radio.
4 Papa regarde la télévision.
5 L'oncle Paul allume la cigarette.
6 Le chat mange le gâteau à la crème.
7 Papa appelle maman.
8 Elle voit le chat.
9 Elle bat le chat.
10 Papa mange le reste du gâteau!

B Invent an **object** to complete these:

1 Vous aimez . . .
2 Je cherche . . .
3 Nous écoutons . . .
4 Le professeur regarde . . .
5 Le chef prépare . . .

. . . and a **subject** to complete these:

6 . . . fume sa pipe.
7 . . . tourne la page.
8 . . . gagnent le match.
9 . . . mangez du pain.
10 . . . regardent le film.

C Here are some questions. Copy each sentence and underline the object. Then answer the questions, but instead of repeating the object, use *le, la,* or *les* on its own in front of the verb. Start each answer with *Oui*. E.g.,

Il regarde *le programme*? Oui, il *le* regarde.

1 Elles font le devoir?
2 Il prend l'autobus?
3 Il trouve les lunettes?
4 Elles aiment les blue-jeans?
5 Grand-père plante les oignons?

Did you use *il* instead of *grand-père*? If so, well done!

D In the following sentences answer the questions, but this time answer the question in the negative — that is, start each sentence with *Non* and put *ne . . . pas* around the verb, as in:

Papa aide Philippe?
Non, il n'aide pas Philippe.
No, he **isn't** helping Philippe.

1 Maman prépare la salade?
2 Paul ferme la fenêtre?
3 On fait la vaisselle?
4 Les enfants mangent les glaces?
5 Eric aime le rugby?

1

E Using *mon*, *ma*, *mes*, etc., and *ce*, *cette*, *ces* (see chart below) can you complete the following conversation so that it makes sense.

Masc.	Fem.	Plural	
ce (cet)	cette	ces	this, these
mon	ma	mes	my
ton	ta	tes	your
son	sa	ses	his
son	sa	ses	her
notre	notre	nos	our
votre	votre	vos	your
leur	leur	leurs	their

— Qui est ___ monsieur
— Ça, c'est ___ père.
— Et ___ dame est ___ mère?
— Oui, exactement. C'est ___ mère.
— Et ___ deux personnes assises au milieu sont ___ grands-parents?
— Oui, et voici ___ deux frères et ___ sœur.
— Et voici ___ chiens et ___ chat, n'est-ce pas?
— Non, pas exactement. C'est ___ chat à nous, mais les chiens sont à ___ grands-parents. Ils ne sortent jamais sans ___ chiens!

— Et le perroquet est à ___ sœur?
— Oui, c'est ___ perroquet. Elle laisse souvent ___ cage ouverte et tu vois comment le perroquet aime se percher sur ___ épaule! Il s'appelle Pierre, ___ perroquet. Adorable, non? Et voici Madeleine, la voisine, avec ___ deux petits enfants. Ils sont mignons.

N.B. Sometimes -ci or -là is attached to the noun when you are using *ce*, etc. in order to stress that it is, for example, **this** object or **that** object that we are talking about. E.g.

Cette enveloppe (-*ci*)?
Non, prends cette enveloppe-*là!*
'This envelope?'
'No, take **that** envelope!'

Remember *ici* means **here**, *là* means **there**. To avoid having two vowels together, ce becomes *cet* in front of a vowel (cet animal); ma, ta, sa become *mon*, *ton*, *son* (mon amie) in front of a vowel, even though they are feminine.

Now you are ready to begin.

2

Part I

---

1 The interrogative

How to ask questions

1   The easiest way to ask a question is to raise your voice at the end of a sentence. *Vous parlez français?* It is the one that is used most in conversation.

2   You can also put *est-ce que* in front of the verb: *Est-ce que vous parlez français?* This is a simple way, and is used in speaking and writing.

3   The third way is to turn the verb round (this is called **inversion**), as in: *Parlez-vous français?* You must remember to put a hyphen (-) between the verb and its pronoun to show that they belong together. This is not really that complicated except that when you invert the verb with *il*, *elle*, and *on* you have to put a *t* in the middle if there are two vowels together, so that it is easier to say:

> Mange-t-il?
> Quand arrive-t-elle?
> Où va-t-on?
> A-t-il un stylo?

You will notice that this mainly happens with *-er* verbs, aller and avoir in the present tense, and also in tenses like the future. (E.g. Que dira-t-il = What will he say.)

A   If you want to refresh your memory, then try these. Make the sentences into questions (a) by putting est-ce que in front of each sentence and (b) by inverting the verb, e.g. il dort —

> (a) Est-ce qu'il dort?
> (b) Dort-il?

1   Vous venez chez nous ce soir.
2   On a les billets.
3   Elle arrivera à 5 heures.
4   Il prépare son petit déjeuner.
5   Nous partons bientôt.

6   Ils cherchent leurs valises.
7   On achète du pain et du fromage.
8   Tu veux aller au marché.
9   Vous faites une excursion.
10   Il prendra ces livres.

Question words (quel, comment, quand, qui, que, lequel, etc)

There are different ways of saying **what** and **who** in a question.

Qui arrive?	
Qui est-ce qui arrive?	Who? (Whom?)
Que fais-tu?	
Qu'est-ce que tu fais?	What?

Here are some more common question words:

Pourquoi?	Why?
Quand?	When?
Comment?	How?
Combien de?	How many/much?
Où?	Where?
Depuis quand?	For how long?
De quoi?	About what?
Quel (quelle)/s	Which?
A quelle heure?	At what time?
Quel est son nom?	What is?
Quelle est son adresse?	What is?
A qui?	To whom?
Avec qui?	With whom?
Avec quoi?	With what?

3

B Can you complete each sentence below with a question word so that it makes sense?

1 . . . arrives-tu en retard?
2 . . . as-tu quitté l'hôtel?
3 . . . as-tu voyagé?
4 . . . est-ce que tu as trouvé les microfilms?
5 . . . homme as-tu vu dans le café?
6 . . . avez-vous parlé?
7 . . . est-ce que tu proposes maintenant?
8 . . . est-ce que nous donnons les microfilms?
9 . . . est notre nouvelle destination?
10 . . . faux passeports as-tu?

Quel / quels / quelle / quelles

C Use quel/quels/quelle/quelles to complete the following questions. Some information has been given in brackets so that you can see how to use these particular question words.

1 _____ est ton chanteur préféré? (Enrico Macias)
2 _____ est votre adresse? (124 Boulevard Raspail)
3 _____ est ton sport préféré? (le tennis)
4 _____ sont vos passe-temps favoris (la pêche et le cinéma)
5 _____ disques voulez-vous?
6 A _____ étage pour le matériel de camping?
7 A _____ heure partons-nous? (à 3 heures)
8 C'est _____ quai? (C'est le quai numéro 4.)
9 _____ belle fille? (Là-bas, à droite!)
10 Dans _____ ville allons-nous passer la nuit?

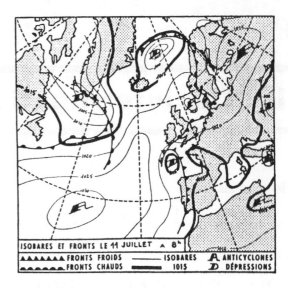

ISOBARES ET FRONTS LE 11 JUILLET à 8ʰ
▲▲▲▲▲▲ FRONTS FROIDS ——— ISOBARES **A** ANTICYCLONES
●●●●●● FRONTS CHAUDS ━━━ 1015 **D** DÉPRESSIONS

Météorologie

Beau et chaud Orageux sur l'Ouest

Un front orageux faiblement actif affectera l'Ouest du pays puis se déplacera vers le Nord-Est.

RÉGION PARISIENNE. — Beau temps chaud. Les températures atteindront 28 degrés.

AILLEURS. — Temps chaud et lourd avec orages locaux des Pyrénées au Finistès. Les températures s'échelonneront de 23 degrés en Bretagne à 30 degrés en Aquitaine. Ailleurs, le temps sera beau et chaud. Les températures atteindront 25 dans le Nord, 28 en Normandie, 30 dans le Centre, 35 en Provence. Quelques nuages sont à craindre en Corse.

DEMAIN. — Le temps orageux gagnera le reste du pays à l'exception des régions s'étendant de la Provence à l'Alsace. Les côtes Atlantique auront alors un temps plus frais avec des éclaircies.

Can you complete these questions about the weather?

. . . sont les prévisions météorologiques?
. . . temps fera-t-il demain?
. . . est la température maximale dans le Nord?

In the following sections, can you use the right question word to complete the question so that it makes sense? Some information has been given so that you can see how to use these particular question words.

Pourquoi, où, comment, que, combien, quand, qui, qu'est-ce que

D

1. _____vous mangez le matin? (. . . du pain grillé et de la confiture.)
2. _____allez-vous? (Nous allons à la poste.)
3. _____dit l'agent? (. . . Il dit que le parking est à droite.)
4. _____fermes-tu la fenêtre? (. . . Parce qu'il y a un courant d'air.)
5. _____sont mes clefs? (. . . sur la table.)
6. _____veut du gâteau? (. . . moi . . . et moi . . . et moi s'il vous plaît!)
7. _____coûtent les cartes? (. . . 3F.75)
8. _____me demande au téléphone? (C'est ton ami Paul Michard.)

9. _____arrivera le chef? (. . . dans vingt minutes.)
10. _____allez-vous? (. . . Je vais bien, merci.)

Qui? Que? Avec qui? Avec quoi? A qui?

E

1. _____s'occupe des passeports?
2. _____partez-vous en vacances?
3. _____faut-il s'adresser?
4. _____est cet anorak?
5. _____va prendre les provisions?
6. _____désirez-vous, monsieur?
7. _____fermez-vous cette valise?
8. _____demandez-vous à l'hôtesse de l'air?
9. _____voulez-vous téléphoner?
10. _____mangeons-nous ces spaghetti?

F Can you complete the form below, and then write an equivalent form in English for tourists who cannot speak French?

FICHE A REMPLIR PAR TOUS LES CLIENTS

Hôtel de Paris

15 rue Carnot,
Paris 17e

Tél.
266.05.22

. . . EST VOTRE NOM DE FAMILLE?_____
. . . SONT VOS PRENOMS?_____
. . . EST VOTRE NATIONALITE?_____
. . . EST VOTRE ÂGE?_____
. . . EST VOTRE DATE DE NAISSANCE?_____
DANS . . . PAYS HABITEZ-VOUS?_____
DANS . . . VILLE HABITEZ-VOUS?_____
DANS . . . RUE?_____
A . . . NUMERO?_____
. . . EST VOTRE ADRESSE POUR LA DUREE DES VACANCES?_____
. . . EST VOTRE NUMERO DE TELEPHONE?_____
. . . EST VOTRE PROFESSION?_____

Lequel/laquelle/lesquels/lesquelles

(See also pages 47, 54 and 70.)
Quel, etc., has to be used with a noun because it
is an adjective. If you want to ask **which one?**
on its own, you have to use the noun *lequel*,
laquelle, *lesquels* or *lesquelles*, e.g.,

> Tu vois cette fille?
> *Laquelle*?
> Celle qui porte un tricot jaune.

> You see that girl?
> *Which one*?
> The one who's wearing a yellow jumper.

G Complete the following with the right
question word (lequel, etc.)

1 Tiens, je connais ce monsieur!
_____?
Celui qui porte un veston noir.
2 Je t'ai apporté les magazines.
_____?
Ceux que tu voulais m'emprunter.
3 Regardez cette voiture superbe!
_____?
Cette Mercédès-là. Celle qui
tourne à gauche!
4 Passez-moi mon sac, s'il vous plaît.
_____?
C'est celui qui est contre le radiateur.
5 Je préfère ces fleurs-là.
_____?
Les bleues — celles derrière la caisse.

Practice in asking questions

H Interview avec un lycéen français

Can you work out what the ten questions the
interviewer asked Jean-Yves were? Use *est-ce
que* or invert the verb, but take care over the
verb endings! E.g.,

> Je m'appelle Jean-Yves Marceau.
> *Comment vous appelez-vous*?

1 J'ai 15 ans.
2 J'habite à Lyon.
3 J'ai deux sœurs et un frère.
4 Je vais au lycée Paul Ronin depuis quatre
ans.
5 Je préfère le football.
6 Je joue au foot le samedi.
7 Ouf . . . le soir . . . je regarde la télévision.
8 J'aime la musique pop.
9 Oui, j'écoute le 'Pop Club.'
10 Mon groupe préféré c'est les Go-Go's.

When you are asking questions about a **third
person**, or other people and things, using a
noun, you can use est-ce que:

> A quelle heure *est-ce que Jean arrive*?

or, if you are inverting the verb, you have to
use it like this:

> *Jean*, à quelle heure *arrive-t-il*?

Both these sentences mean the same thing —
'At what time is John arriving?'

I *Est-ce que* has been used in the following questions. Can you ask the same questions by **inverting** the verb? E.g.,

> Quand est-ce que le groupe anglais peut déjeuner?
> Quand le groupe anglais peut-il déjeuner?

1 Est-ce que Germaine aime les crevettes?
2 A quelle heure est-ce que Janine arrivera?
3 Pourquoi est-ce que les Belges veulent partir?
4 Où est-ce que l'aubergiste va avec nos passeports?
5 Quand est-ce que le train pour Dijon va partir?

You may have to remember the above point in the following exercise.

K Interview avec une collégienne française

What were the questions the interviewer asked Patricia Bellier? You might want to use some of these question words:

Quel . . .   Qui . . .
Comment . . .   Où . . .
Combien . . .   Est-ce que . . .
Pourquoi . . .
Qu'est-ce que . . .

E.g. Je m'appelle Patricia Bellier.
       Comment vous appelez-vous?

1 J'ai 15 ans et je vais au collège à pied — c'est tout près de chez moi.
2 Il y a 500 élèves dans mon lycée.
3 Le soir . . . euh . . . je vais à la discothèque ou au cinéma.
4 Oui, mes parents sont sympa (ils me laissent sortir le soir.)
5 Mon chanteur préféré est Patrick Juvet.
6 Oui, mes parents me donnent de l'argent de poche.
7 Ils me donnent 25 francs par semaine.
8 J'achète des disques et des vêtements.
9 D'habitude je porte un jean et un T-shirt.
10 Parce qu'un jean c'est plus pratique, on est à l'aise.

When you have finished, can you write an alternative way of asking the questions where possible.

J A young policeman has been following a suspicious character who has gone into a café. The policeman is observing him from a phone box and is trying to persuade the chief inspector at the other end of the phone that this is their man . . . What does the chief inspector say? You can do this firstly using *est-ce que*, then by **inverting** the verb.

. . . .?
Oui, il est grand.
. . . .?
Oui, il a une moustache noire.
. . . .?
Oui, il porte des lunettes noires.
. . . .?
Oui, ses oreilles sont très grandes.
. . . .?
Oui, ses jambes sont très longues.
. . . .?
Oui, il parle à un autre homme.
. . . .?
Oui, ils portent un gros paquet et une valise.
. . . .?
Oui, le gangster fume un cigare!
. . . .?
Mais oui, je vous dis que sa moustache est noire! C'est notre malfaiteur, c'est sûr! Venez vite! Il faut l'arrêter!

L Cartoon strips

Can you invent a question to go with each cartoon? You must write a complete sentence. Here is a list of question words to help you.

A quelle heure . . .? Où . . .? Quelle est . . .? Quand . . .? Pourquoi? . . . Qu'est-ce que . . .? Depuis quand . . .? Qui est . . .? Combien? Quel(le) . . .?

Extra

Questions in the negative

(See page 17 — The Negative)

Sometimes one wants to ask a question starting:

Don't you . . .?
Aren't you . . .?
Isn't he . . .?
Won't she . . .? and so on.

This is quite simple:

(a) Tu *ne* viens *pas* avec nous?
(b) Est-ce que tu *ne* viens *pas* avec nous?
(c) *Ne* viens-tu *pas* avec nous?

All three sentences mean the same in English:
Aren't you coming with us?

Si/Oui

If the answer to such a question is 'Oh **yes**!' you must use *si* instead of *oui*, because it is much stronger than *oui*. The person who asked the question in the negative half expected you to say '**no**', and *si* is used to stress "Yes, I **am** . . .", etc.

M Here are some answers to questions. The answers all begin with *si*, which shows that the question has been asked in the negative. Can you find oùt what the question was? Use (i) *Est-ce que* and (ii) try the same thing inverting the verb, if you can! E.g.,

Si, je prends mon manteau.
(i) Est-ce que vous ne prenez pas votre manteau? or Vous ne prenez pas votre manteau?
(ii) Ne prenez-vous pas votre manteau?

1 Si, il vient ce soir.
2 Si, j'aime les carottes râpées.
3 Si, il prend le métro.
4 Si, je sais nager.
5 Si, ils parlent bien le français.
6 Si, on peut louer des draps à l'auberge.
7 Si, nous avons faim!
8 Si, nous voulons visiter la cathédrale de Rouen.
9 Si, elle a son appareil.
10 Si, elles préfèrent voyager de jour.

2 The imperative

How to ask people to do something, How to tell people to do as you say Do and Don't . . .

See also Pronoun section page 35.
Just use the *tu* and *vous* parts of the verb as in:

Tu finis — Finis ta soupe! Finish your soup!
Vous prenez — Prenez du fromage. Take some cheese.

With *er* verbs in the *tu* form, cross the *s* off the verb — tu entre*s* — entre! come in! For reflexive verbs please see page 13. There are just two exceptions that you will need to remember:

    avoir aie . . . have!   (aie/ayez pitié)
             ayez . . . have! (have pity!)
    être ·sois . . . be! (sois/soyez sage)
            soyez . . . be! (behave yourself,
                              be good!)

You also need to be careful with *aller* (to go). In the *tu* form it behaves like an *er* verb unless it is followed by the pronoun *y*.

    Tu vas — Va! (Go!)
    But Vas-y!   (Go on!)

How to suggest doing things together with other people

(See also page 92.)
Just use the *nous* part of the verb as in:

Nous dansons . . . dansons! — Let's dance!

Exceptions: avoir — ayons!
                    être — soyons!

In the negative:
    Ne mange pas cette tarte! **Don't** . . .
    Ne sortez pas les enfants! **Don't** . . .
    N'ayons pas peur! **Let's not** be afraid!
                  Don't be afraid!

Very often people write an exclamation mark (!) at the end of the sentence to show that they are using the **imperative**, but you do not always need one. (E.g., Sit down, please, Mrs. Brown. = Asseyez-vous, Madame Brown, s'il vous plaît.)

A Can you complete the endings of the verbs in the speech bubbles? The infinitives of the verbs are: demander, tourner, manger, entrer, sortir, toucher, faire, jeter, oublier, être, and the verbs in the speech bubbles must be **in the imperative**.

1

2

3

Mang_____une glace!

4

Entr_____!

5

Sor_____!

6

Ne touch_____pas aux gâteaux!

7

Ne fai_____pas de bruit!

8

Ne jet_____pas tes papiers!

9

N'oubli_____pas ton short!

10

So_____gentille!

B Donnez des ordres avec: écrire, écouter, suivre, remplir, traverser:

1

2

3

4

5

Suggest activities that you and your friend(s) can do together with: 6 commencer (à); 7 finir; 8 manger; 9 boire; 10 prendre.

C Tell your French-speaking friend:
1) to take his/her anorak (prendre)
2) not to forget his/her camera (oublier)
3) to finish his/her letter (finir)

Tell your friend's parents:
4) to look at your photos (regarder)
5) to pass you the salt, please (passer)
6) **not** to speak English, please

Suggest (let's):
7) listening to some records (écouter)
8) going to the cinema (aller)
9) **not** playing tennis (jouer à)
10) **not** closing the window (fermer)

D You are returning to Britain after a school exchange together with the French group and you overhear the French teacher giving her pupils their final instructions as to how to behave. Fill in the correct parts of the verbs:

1 (Être) toujours gentils avec votre correspondant.
2 (Aider) la mère à faire la vaisselle!
3 (Faire) votre lit chaque matin!
4 **Let's** (Parler) anglais tout le temps.
5 **Don't** (téléphoner) à vos parents, (écrire) une lettre plutôt!
6 **Don't** (faire de(s) bêtises!)
7 **Don't** (rentrer) trop tard le soir.
8 Jean-Paul, **don't** (refuser) de manger tout ce qu'on te sert à table!
9 Christophe! **Don't** (laisser) ta chambre en désordre!
10 **Don't** (hésiter) à me contacter si vous avez des ennuis.

Au revoir et bonnes vacances les enfants!

3 How to use reflexive verbs

A verb is reflexive if it is used with reflexive pronouns. Here are the reflexive pronouns:

je *me* . . .   nous *nous* . . .
tu *te* . . .   vous *vous* . . .
il *se* . . .   ils *se* . . .
elle *se* . . .   elles *se* . . .

These just help describe things that you do to or with each other, or what happens to oneself. E.g., Je lave *la voiture* = I wash **the car** BUT Je *me* lave = I wash (**myself**), I get washed.

In the first example the person is washing something else — the car. In the second example the person is having a wash **himself**. Lots of verbs can change their meaning slightly by being made reflexive.

A What do these sentences mean in English? Can you explain why some are reflexive? The answers are at the bottom of the page.

1 Janine promène le chien.
2 Monsieur Coustaud se promène dans le parc.
3 Maman réveille les enfants à sept heures.
4 !!!XXXX!!! Le Commissaire Maigret se réveille en sursaut.
5 Papa pose ses pieds sur la chaise.
6 Les touristes se reposent sous le parasol.
7 Les élèves lèvent la main.
8 Le fermier se lève à cinq heures du matin.
9 Le maître-nageur a sauvé le nageur.
10 Les terroristes se sauvent.

Il regarde la fille, et elle *se* regarde!

does to oneself.
Some of the actions are performed on someone else: the **reflexive** actions are about those one

1 Janine is taking the dog for a walk.
2 Monsieur Coustaud is going for a walk in the park.
3 Mother wakes the children at seven o'clock.
4 Inspector Maigret wakes up with a jump.
5 Dad rests his legs on the chair.
6 The tourists are resting under the parasol.
7 The pupils put up their hands.
8 The farmer gets up at five in the morning.
9 The life-saver saved the bather.
10 The terrorists ran away.

How to ask questions

As expected you can:
(a) Raise your voice at the end of a sentence.
(b) Put *est-ce que* in front of the verb.
(c) Invert the verb leaving the reflexive pronoun in front of the verb.

> Michel se lève à quelle heure?
> A quelle heure *est-ce que* Michel se lève?
> A quelle heure Michel *se lève-t-il?*

B Jean-Paul intends to organise a petition to keep the school youth club open for longer hours and at weekends with the support of local teenagers and parents/staff, etc. He has made notes for a questionnaire he wishes to give to members of the club. Can you write the questions out properly? Use *est-ce que*; then, if you can, do the same thing by inverting the verb, e.g.,

> Vous vous intéressez à quoi?
> A quoi *est-ce que* vous vous intéressez?
> A quoi *vous intéressez-vous?*

---

1   *La maison se trouve près ou loin du collège?*
2   *Tu te rends au collège à pied/en autobus . . . comment?*
3   *Tu t'occupes comment le soir à la maison?*
4   *Tu te couches à quelle heure? Tes parents se couchent à quelle heure?*
5   *Pendant le weekend, la famille se couche et se lève plus tôt ou plus tard que dans la semaine?*
6   *Tes parents se fâchent quand tu rentres tard?*
7   *Chez toi, tes parents se disputent souvent avec toi? (par exemple si tu sors beaucoup).*
8   *Le weekend tu sors ou tu te reposes?*
9   *Tu t'ennuies à la maison le weekend et pendant les vacances?*
10 *Toi et tes copains vous vous amusez au club?*

Vocabulary	
se trouver	to be situated, to be
se rendre	to go, make your way, get to
s'occuper	to busy yourself, occupy yourself
se coucher	to go to bed
se lever	to get up
se fâcher	to get annoyed, angry
se disputer	to argue, to quarrel, to have an argument
se reposer	to rest
s'ennuyer	to get bored
s'amuser	to enjoy oneself, have fun

The imperative — How to tell people to do as you say

See also page 6 and page 35.

Do!

Lève-toi*!	Stand up!
Levez-vous!	Stand up!
Levons-nous!	Let's stand up!

*Note that *te* is replaced by *toi*

Don't

Ne te lève pas, ne t'assieds pas!
Ne vous levez pas! Ne vous asseyez pas!
Ne nous levons pas! Ne nous asseyons pas!

(Don't stand, don't sit, let's not stand, let's not sit.)

C First match the captions to the cartoons on p. 14. Then write out a second command with the verb given in brackets to fit the same cartoon. Then write down all the meanings in English. Here are the captions and the extra verbs in brackets:

1   Taisez-vous! (s'arrêter)
2   Ne vous affolez pas! (s'inquiéter)
3   Asseyons-nous! (se reposer)
4   Dépêche-toi! (se sauver)
5   Ne nous disputons pas. (se fâcher)

Vocabulary	
se taire	to be quiet
s'arrêter	to stop
s'asseoir	to sit down
se reposer	to rest
se dépêcher	to hurry
se sauver	to run away
se disputer	to quarrel
s'inquiéter	to worry
s'affoler	to panic
se fâcher	to get cross, to get angry

D Here is a list of common reflexive verbs and a list of things you might well want people to do. Can you write them down in French?

s'adresser à	to enquire at
s'amuser	to enjoy yourself
s'approcher	to approach, come nearer
s'arrêter	to stop
s'asseoir	to sit down
se baigner	to go for a swim, to bathe
se calmer	to calm down
se dépêcher	to hurry
se déranger	to disturb yourself, to put yourself out
s'en aller	to go away
s'en faire	to get het up over something, to get upset about something
s'étonner	to be surprised
se fâcher	to get angry
s'inquiéter	to get worried
se reposer	to rest, have a rest
se taire	to be quiet

1 Tell your friend: to hurry, to shut up, to enjoy himself.
2 Tell your friend's mother: to calm down, to sit down, to have a rest.
3 Tell your friend: **not** to be surprised, **not** to get upset, **not** to be cross.
4 Tell your friend's parents: **not** to disturb themselves, **not** to worry.
5 You could invent some more for yourself using some of the other verbs.

4 The negative

How to say: 'No, I don't . . .'

You can refresh your memory by turning to *Exercise D* page 1.

1 (a) In the same way English words expressing the negative begin with **no** or **n** (e.g., **no**where, **no**one, **no**thing), in French the word *ne* (*n'*) is used with the negative. *Ne* (*n'*) goes in front of the verb. The other half of the negative (e.g., *pas*, *jamais*) comes after the verb which is sandwiched in between. E.g.,

> Il *ne* fume *pas* (*jamais/plus*) He doesn't smoke.

(b) Note the position in the **perfect tense** (and other **compound tenses**):

> Il *n'a jamais* (*pas*) fumé. — He **has never** smoked.

(c) Note the position with other verbs:

> Il *ne* va *pas* fumer. — He **isn't going** to smoke.

(d) You can start a sentence with *personne* and *rien* (that is, they can be the subject of a sentence) but *ne* (*n'*) must still go in front of the verb, e.g.,

> Personne n'est arrivé. = No-one has arrived.

2 After the negative one uses *de* or *d'* **instead of** du, de la, de l', des, and instead of un, une. E.g., Je n'ai pas *d'*argent — I haven't got any money.

3 In questions and commands the negative goes round the whole of the **verb** and its **pronoun**, e.g., *N'*aimes-tu *pas* le fromage? — Don't you like cheese?

Ne l'aimes-tu *pas* — Don't you like it?
Ne le touchez *pas!* — Don't touch it!

4 *Il y a* needs special care:
Il n'y a pas, il n'y a plus (de) = There isn't, there isn't any more . . .

5 *Ne . . . point* means the same as *ne . . . pas* but it is never really used these days, although you may come across it in print.

6 See page 24 for using the negative with pronouns.

Different negatives

A Look at the cartoons and answer the questions in the negative. Use any of the following:

ne . . . pas	not
ne . . . plus	no longer, no more
ne . . . jamais	never
ne . . . rien	nothing
ne . . . nulle part	nowhere
ni . . . ni . . . ne (verb)	neither . . . nor . . .

  (ni Paul ni Jeanne ne va en Belgique cette année)

ne . . . aucun	not (a single) one
(ne . . . point	not)

1 Ici il pleut toujours?

2 Il a quelque chose dans la poche?

3   Patrick a des allumettes . . . et Hubert a des allumettes aussi?

4   Ça mène quelque part?

5   Elle a oublié l'ouvre-boîte?

6   Les parents aiment la musique pop?

7   Il y a une place libre?

8   Il y a du monde dans ce café?

9   Il reste encore des éclairs?

10   Elle va acheter cette robe?

Si/Oui . . .

If someone asks a question beginning with 'Don't you, doesn't he, isn't she, aren't you, etc.' she or he probably expects the answer 'No'. 'Tu ne veux pas sortir alors?' 'Non.' If the answer is '**Yes**, I **do**', we use *si*. (See page 8 if you need to refresh your memory.)

B The answer to each of the questions below is '**Yes**!' Can you write the answers in full starting each sentence with *Si* . . . Make sure you have read the instructions at the beginning of this section very carefully before proceeding.

1 Mais, vous ne buvez pas de vin, Sophie?
2 Vous n'avez pas peur des vipères?
3 Xavier, ne va-t-il pas chercher d'eau?
4 Vous autres, ne voulez-vous pas vous baigner après le repas?
5 Ne reste-t-il plus de pain?
6 Il n'y a pas de sel?
7 Alors, tu ne prends pas de tomate?
8 Ne prend-il jamais de fromage?
9 Alors, tu n'aimes pas déjeuner sur l'herbe?
10 Eh bien, on ne va pas dîner au restaurant ce soir?

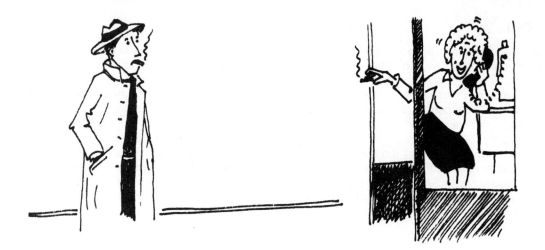

C A man is waiting to use the phone in a call-box. He can only hear one end of the conversation. Can you work out what all the questions were just as the man who is waiting is imagining what the person at the other end of the phone is saying?

1 Oui, j'ai reçu une lettre de Pascal ce matin.
2 Si, je suis allée au bureau.
3 Mais si, j'ai téléphoné à Madame Dubarre.
4 Si, elle a déjà réservé des places.
5 Oui, on a changé de l'argent.
6 Oui, les passeports sont prêts.
7 Si, Philippe a développé les photos.
8 Oui, j'ai préparé des provisions.
9 Si, bien sûr que je veux partir avec toi!
10 Mais si, je te dis que je t'aime!

Personne/rien ne . . .

You can start a sentence with *personne* or *rien*, but remember to put *ne* in front of the verb as in: Rien *ne* se passe ici. — Nothing happens here.

D How would you express the following? The opposite is given you in French.

1 Nobody loves me . . . (Tout le monde m'aime.)
2 Nothing works . . . (Tout marche bien . . .)
3 No-one has phoned . . . (Beaucoup d'amis ont téléphoné.)
4 Nothing is going to change . . . (Tout va changer.)
5 No-one answered . . . (Tout le monde a répondu.)

Write the opposite using *personne* or *rien*:
6 Tout est facile.
7 Tout le monde a acheté des cartes postales.
8 Tout le monde parle français.
9 Tout le monde s'ennuie . . .
10 Tout est si compliqué . . .

One-word answers with negatives, e.g.,

Qu'est-ce que tu manges?
Rien!

E Invent one-word answers to these questions.

1 Qu'est-ce que tu fais?
2 Quand est-ce que tu es allé à Besançon?
3 Qui ont-ils vu dans le bureau?
4 Quels disques avez-vous achetés?
5 Où allez-vous?

You can use any of the following:
jamais, rien, personne, aucun, nulle part

Ne . . . personne in the perfect tense

In the perfect tense, *personne* comes **after** the past participle, e.g., Je n'ai vu *personne* (I haven't seen anyone). With the other negatives, ne . . . *pas*, etc., goes round the **auxiliary** of the verb: Je *n*'ai *pas* mangé.

F Answer these questions with the negative given in brackets; answer in a complete sentence.

1 Tu as visité Paris? (No, never . . .)
  Non, je n' . . .
2 Tu as encore de l'argent? (No, no more money)
3 Il a rencontré des amis? (No, he didn't meet anyone.)
4 Elle a écrit à sa famille? (No, she didn't write to anyone.)
5 Tu en as parlé à ces campeurs? (No, I haven't told anyone about it.)

Other negatives

Ne . . . ni . . . ni.	neither . . . nor
Ne . . . guère	hardly, scarcely
Ne . . . aucun	not one, not any

G Quick quiz on other negatives — What do these mean in English?

1 Ni moi non plus.
2 Je n'ai vu ni lui ni sa sœur.
3 Il n'a guère d'amis.
4 Je n'ai pas de maillot, ni de serviette.
5 J'ai reçu une lettre qui n'est ni signée ni datée.
6 'Voulez-vous du café?' 'Merci.'*
7 'Le facteur est passé?' 'Je crois que non.'
8 Je n'ai guère d'argent.
9 Il n'y a guère de temps.
10 Nous avons essayé de faire du stop, mais aucune voiture ne s'est arrêtée.

*If you are offered food or drink and want to say 'no thanks,' how would you say it? (Answer at the bottom of the page.)

Ne . . . que

Ne . . . que is used very frequently. It is not really a negative, it is more a **restrictive** — It means 'only . . .' and is used with numbers of things, or with things you *only* do. The *que* is placed in front of the word you wish to emphasize as in:

Je n'ai mangé *que* trois biscuits — I ate **only** three biscuits.

Il n'a *que* treize francs — He has **only** 13 francs.

With actions, use *faire* in this way:

Il n'a fait *que* dormir — All he did was sleep.
Il ne fait *que* bavarder — He **just** chats; All he does is chat.
Elle n'a fait *que* me regarder — she **just** looked at me.

It can be used in a short sentence on its own, e.g.,

'Combien il t'en reste?' '*Que* trois.'
How many have you got left? **Only** three. (**Just** three.)

Extra
H Use *ne . . . que* to answer the following questions:
1 Combien d'argent il te reste? (12 F.)
2 Combien de poissons a-t-il pris? (un)
3 Combien d'aérogrammes vas-tu acheter? (deux)
4 Combien de bouteilles d'eau minérale y a-t-il? (un)
5 Combien de pellicules prends-tu en vacances? (deux)

Extra
I Rewrite these sentences using *ne . . . que*.
1 Il boit toujours de l'eau.
2 Robert joue de sa guitare tout le temps.
3 Elle m'a énervé toute la journée.
4 Il sort sans cesse . . .
5 Guillaume mange seulement des légumes.

You could just say 'merci.' You do not have to say: 'Non, merci.'

J The above is a picture of a boulangerie-pâtisserie at lunch-time. This very short-sighted customer has left his shopping too late. What does the boulanger say in reply to his requests? You will need to use *ne . . . que* in some, though not all, of the answers. E.g., 'Je *n*'ai *pas* de sel, je *n*'ai *que* du sucre.'

1 Je voudrais trois croissants . . .
2 Je voudrais trois éclairs . . .
3 Je voudrais deux gros pains et quatre baguettes . . .
4 Donnez-moi des madeleines . . .
5 Vous avez des chocolats?
6 Qu'est-ce qu'il y a sur le plat sur le comptoir?
7 Vous avez encore des quiches lorraines?
8 Je voudrais six paquets de biscottes.
9 Vous vendez des haricots verts?
10 Combien de gâteaux au chocolat avez-vous?

Extra

The negative with infinitives

K What do these sentences mean in English? Can you work out where the negative is placed:

1 Il ne sait pas parler anglais.
2 Jean Michel sait ne pas travailler trop dur!
3 Paul ne veut pas manger.
4 La dame préfère ne pas manger avant midi.
5 Nous décidons de ne pas partir sans Hubert!

6 Première règle: ne jamais sortir seul en montagne!
7 Ne pas prendre ma guitare en vacances! Ça jamais!
8 Alors, je ne vais jamais lui parler de cela.
9 J'espère ne pas échouer à mon examen.
10 Être ou ne pas être, voilà la question.

In case you've been wondering what happens in the perfect tense, the negative goes round the infinitive as in: 'N'avoir jamais pris le train de sa vie est inimaginable' (Never to have travelled by train is unbelievable) although in spoken French you **can** hear it in front of the infinitive, e.g., 'Ne jamais avoir pris le train de sa vie est inimaginable!

Other ways of using negatives (quelque chose/rien de/à)

L What do these phrases mean in English? When do you use *à* and when do you use *de* with *rien* and *quelque chose*? (The answer is at the foot of the opposite page.)

1 Pas de boissons chaudes, madame!
2 Fermé. Plus de pain!
3 Pas de chance!
4 Jamais de succès!
5 Jamais de la vie!
6 Quelque chose d'extraordinaire!
7 Quelque chose à manger et à boire.
8 Rien d'intéressant!
9 Rien à voir ici. Rien d'exceptionnel!
10 Rien à vous dire; rien de spécial.

M If you were in a French-speaking country how would you express the following:

At table
1 Something hot, please.
2 Something cold, please.
3 Not too much, thanks.
4 No dessert, thanks.

Shopping
5 Nothing original in that shop!
6 Nothing much.
7 Not too expensive . . .
8 Not much . . .

Problems
9 Nothing serious. (serious = *grave*)
10 No problem!

N Can you fit the captions to the cartoons? What do they mean?

a) Ne vous en faites pas.

b) Je n'en ai plus.

c) Ça ne fait rien.

d) Sophie n'aime que ça!

e) Je n'en peux plus!

f) De rien.

g) Il ne reste que ça!

h) On ne sait jamais!

i) Pas grand-chose!

j) Il n'y a rien!

See pages 24, 29, 30, 35, 65, 69. for further practice in using the negative, e.g., in the perfect tense, with pronouns.

1

2

When used with a **noun**, quelque chose and rien are followed by *de*: when used with a **verb**, they are followed by *à*:

quelque chose de bon: quelque chose à faire
rien de bon   rien à faire

3

4

5

6

7

8

9

10

5 Pronouns

How to avoid repetition

Every time you use words like **him, her, it, they, us, me**, etc., you are using pronouns. Pronouns are used in place of the names of things or people. There is, after all, no need to keep repeating names of things or people once we know who or what we are talking about. Using pronouns saves us a lot of repetition.

We probably hardly notice we are using pronouns in our mother tongue, but when it comes to French one realises how precise one has to be, especially since French pronouns seem to crop up everywhere. For instance, *y* and *en* manage to find their way into nearly every conversation.

You started using pronouns from your very first French lesson. Here are some **subject** pronouns with their verbs:

> *Vous* parlez anglais?
> *Tu* aimes la France?
> *Il* part à quelle heure le train pour Dijon?

The word *on* is also a pronoun. (See page 72.)
> *On* va au cinéma?

Direct object pronouns

As soon as there is mention of **what** the subject is doing, let us say, eating or drinking, etc., there is a **direct object** in the sentence. It is called the **direct** object because it is **directly** linked to the subject and verb, e.g.,

> Olivier achète *cette lampe électrique*.

The direct object **pronoun** in French is simply *le, la, (l')* or *les*, and it goes in front of the verb in an ordinary sentence, e.g.,

> La Normandie, je *l'*aime beaucoup.
> (I like **it** very much.)

Me, te, vous, and *nous* (me, you, you, us) can also be direct object pronouns which go in front of the verb, e.g.,

> Paul *m'* attend.
> Je *vous* aide, monsieur?

A In the sentences below first pick out the subject and its verb, then write down the **direct object**. (You might find it helpful to copy down the sentences so that you can underline the subject and verb and draw a circle round the direct object.)

1 Monsieur Moreau cherche ses clefs?
2 Nous les achetons, ou non?
3 Vous voulez voir ce spectacle?
4 Attention! Tu renverses le café!
5 Je la trouve jolie!
6 Cet agent nous observe.
7 L'employé vous appelle.
8 Ces touristes prennent le car.
9 Didier attend sa copine.
10 Est-ce que vous l'acceptez?

B
1 In the sentences you have just done how many direct object **pronouns** are there?
2 In the sentences with direct object **pronouns**, can you imagine what was being talked about, and rewrite the sentence in full with a suitable noun, e.g.,

> Nous *les* aimons — Nous aimons *les frites*.

3   In those sentences where a direct object pronoun has **not** been used, can you rewrite the sentence replacing the direct object with a pronoun. Remember, the pronoun is placed in **front** of the verb, e.g.,

> Je préfère les petits pois . . . Je *les* préfère.

If you do not just want to keep on answering your French-speaking friend's questions with *oui* or *non* interspersed with blank silences, you can answer using pronouns. This can sometimes help emphasize what you are saying, especially if you add an extra detail like *beaucoup*: e.g.,

Question:	Tu aimes les croissants?
Answer:	Oui.
or:	Oui, je les aime *beaucoup*.
Question:	Tu n'aimes pas les croissants?
Answer:	Si. (don't forget to use *si* when contradicting a question asked in the negative.)
or:	Si, je les aime *beaucoup*.

This will also give the person you are talking to the impression that you understand the topic of conversation, or even that you are interested in what he or she is saying!

Pronouns in a negative sentence

In the **negative** (see page 15) the *ne . . . pas* goes round the verb and the direct object pronoun, e.g: 'Non, je *ne* les trouve *pas*.' Just imagine that the object pronoun **belongs** to its verb and cannot be separated from it! It is the same with other negatives like *ne . . . plus/jamais*, etc.

C
Part 1   Imagine that the answer to all the following questions is yes. Can you answer each question using pronouns. If you wish, you can use an extra detail, like *beaucoup* in your answer. Here are some extra words you can use in your answers, if you wish to do so:

beaucoup; bien sûr; comme toujours; tout de suite; comme convenu; en ce moment; malheureusement; heureusement.

1   Tu n'aimes pas la salade?
2   Avez-vous votre billet?
3   Vous aimez la cuisine française?
4   Tu prends le car?
5   Il achète ces cassettes?
6   Alors, on visite ce château?
7   Vous goûtez ce fromage?
8   Paul n'attend pas Michel et toi à six heures?
9   Elle ne prépare pas les sandwichs?
10 Tu ne trouves pas ton peigne?

Part 2   Can you go back to the questions in Part 1 and answer them in the negative using a pronoun. Start each answer with 'Non', e.g., 'Non, je ne *le* veux pas!' If you wish, you can use extra words in your sentence: e.g., beaucoup, trop, cette fois, après tout, aujourd'hui, merci, malheureusement, (pas) encore.

Direct object pronouns with voici and voilà

Voici (here is/are) and *voilà* (there is/there are) behave just like verbs, and the direct object pronoun comes in front of them as in: Le voilà! = There he (or it) is!

D   In the following sentences can you replace the nouns with pronouns, e.g.,

> Voilà Christophe! — *Le* voilà!

1   Voilà le garçon!
2   Voici Christine!
3   Nous voici Hélène et moi!
4   Voici les parents!
5   Ah, voilà Serge et Nicole!

How would you say:

6   There she is!
7   Here I am!
8   There you are!
9   Here we are!
10 There they are!

24

Lui/leur — Indirect object pronouns

If you give something **to** a person, or if you say something **to** a person, you are using the **indirect** object, e.g.,

Paul offre le disque *à Michel*.

If you give or say something **to him, to her**, or **to them**, you are using *indirect object* pronouns. In French these are the 'unisex' pronouns!

lui = to her, to him
leur = to them

They are placed in front of the verb, e.g.,

Je *lui* donne la carte.

E Can you invent answers to the following questions using *lui/leur* instead of the words italicised in the sentence. There are small pictures to help you invent an answer.

1 Est-ce que tu écris *à Anne*?
Oui . . .

2 Qu'est-ce que le contrôleur demande *à ce voyageur*?
Il . . .

3 Tu téléphones *à Madame Forestier* avant midi?
Non, je . . .

4 Qu'est-ce que nous offrons *à ces petits enfants* comme cadeau?
Nous . . .

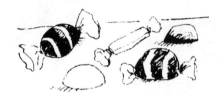

5 On envoie une lettre ou une carte postale *à vos parents*?
On . . .

Can you answer the following in the negative (ne . . . pas/plus/jamais). Remember that the negative goes round the verb and the indirect object pronoun, e.g., Non, je *ne* leur parle *pas*.

6 Vous écrirez *à vos copains*?
7 Il téléphone *à son amie* tous les weekends?
8 On rend ce guide Michelin *à Monsieur et Madame Forestier*?
9 Tu remets le paquet *à la concierge*?
10 On demande *à Régine et Colette* de nous accompagner?

F Imagine that you have been only half-listening to your friend's conversation, and do not know who (or what) she is going on about. She has to repeat her last sentence **in full** each time for your benefit (that is, **without** pronouns). Write down what she would have said. (You will have to use your imagination for this!) You will notice that when *le* and *lui* come in the same sentence, *le* comes before *lui*, e.g.,

Tu *l'*as fini?　Tu dis?
Tu as fini *ton devoir*?

1

4

5

2

3

Il faut – Il reste (impersonal verbs)

(See also Il faut + infinitive page 78.)
With some expressions we use what is called an **impersonal verb**. This just means that you cannot use it with je, tu, il, elle, etc. You can only use it with *il*, e.g., *il faut* . . . it is necessary, one needs (to) . . . If you want to use *il faut* in a more personal way, if, for example, you want to say: 'I need some money.', the way to do it is to use an indirect object pronoun with it:

Il *me* faut de l'argent. = I need some money. Il *lui* faut un billet. = He (or she) needs a ticket.

Il faut is one of the most common **impersonal** verbs; another common one is *il me reste* (il *te, lui, vous, nous, leur* reste . . .) I have . . . left, e.g.,

Il lui reste deux francs = He's got 2 francs left.

G Can you fit the correct caption to each cartoon? Then say what each caption means in English. If you need any help, the English captions are given jumbled up at the bottom of the page.

1 Il me faut un costume neuf.
2 Il lui faut une serviette.
3 Il nous reste 4 francs.
4 Il te reste combien de temps?
5 Il vous faut un sac!
6 Il reste trois litres de vin dans ce tonneau.
7 Il lui faut une casserole!
8 Il nous faut de l'eau.
9 Il leur reste un morceau de pain.
10 Il me reste dix minutes avant le départ!

He needs a saucepan!   I have ten minutes left before I go.   We have four francs left.   You need a carrier.   We need water.   I need a new suit.   There are three litres of wine left in this barrel.   There's a piece of bread left for them.   He needs a towel.   How much time have you got left?

27

Me, te, nous, vous problems

Me, *te*, *nous*, *vous* can be both direct and indirect object pronouns. They can mean either 'me, you, us' OR '**to** me, **to** you, **to** us.' E.g.,

> Il *me* regarde — he's watching me.
> Il *me* parle — he's talking **to** me.

Furthermore, me, te, nous, and vous are also used as reflexive pronouns with reflexive verbs. (See page 12 — e.g. Je me lave . . .)

H In the following sentences, is the pronoun used a **direct object**, an **indirect object**, or a **reflexive pronoun**? An easy way to do these is to ask yourself each time: 'Does he . . . me?' or 'Does he . . . **to me**?' You should be able to recognise reflexive verbs, but if not, see page 12.

1 Tu *m'*attends à la gare; d'accord?
2 Le directeur *vous* donne deux billets pour le spectacle ce soir.
3 Je ne *me* lève jamais avant 9 heures du matin.
4 Il *t'*aime beaucoup.
5 Elle va *nous* téléphoner ce soir.
6 Vous *vous* ennuyez ici?
7 On *vous* cherche au bureau, monsieur.
8 M. Pernoud *nous* accompagne au commissariat.
9 Mlle Bertrand *te* connaît déjà.
10 Je *vous* propose un weekend de ski de fond dans le Massif Central.

In front of which verb does the pronoun go?

You must be careful to put the pronoun in front of the correct verb — that is, in front of the verb with which it makes sense. Can you replace the words *in italics* with a pronoun (direct **or** indirect object). Where will the pronoun go? Try and work this out before checking your answers below.

I
1 Je vais écrire une lettre *à mon correspondant canadien*.
2 Je ne peux pas allumer *le gaz*.
3 Tu veux téléphoner *à Michel*?
4 Nous allons parler *à mes parents*.
5 Le mécanicien doit réparer *la voiture* cet après-midi.

Can you invent answers to the following questions? Some pictures have been provided to help you do this. You must use pronouns in your answers.

6 Quand vas-tu téléphoner à tes parents?
7 Quand peut-il prêter sa voiture à Paul et moi?
8 Quand vas-tu rendre ce livre à Monsieur Girbaut?
9 A quelle heure devons-nous prendre le train — j'ai oublié.
10 Où faut-il laisser la voiture?

6

7

8

9

10

Answers to 'In front of which verb does the pronoun go.' 1. Je vais lui écrire une lettre. 2. Je ne peux pas l'allumer. 3. Tu veux lui téléphoner? 4. Nous allons leur parler. 5. Le mécanicien doit la réparer cet après-midi.

28

6 More about pronouns

Order of pronouns so far . . .

As you may have guessed, if more than one pronoun appears in a sentence then there is a special order for them:

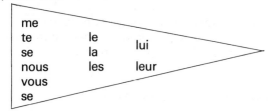

me		
te	le	
se	la	lui
nous	les	leur
vous		
se		

A   Can you replace the words in italics with pronouns? N.B. Remember that the negative goes round **the verb and its pronouns.** You can pretend that each time the person concerned has to repeat what he or she has just said!

1   J'écris *cette carte postale à mes sœurs*.
2   Nous donnons les détails *à votre* camarade *et à vous*.
3   Vous ne demandez pas *la bonne direction à cet agent*?
4   On ne rend pas *les billets au contrôleur* pour les composter?
5   Vous ne voulez pas offrir *ce bouquet de fleurs à votre hôtesse*?

B   Using pronouns can you confirm what you have just said to your French friend: e.g.,

'Tu veux donner ce tee-shirt à ton frère?'
'Oui, je veux le lui donner.'

1   Tu ne vas pas offrir cette affreuse Tour Eiffel en plastique à ton professeur de français?
Bien sûr que je . . .
2   Tu veux vraiment dire tout cela à Monsieur et Madame Arnaud?
3   Paul doit toujours demander la permission à ses parents?
4   Tu peux demander son numéro de téléphone à cette jeune Anglaise?
5   On va vraiment envoyer cette lettre à l'hôtelier?

C   Now go back to **B**, and answer each question in the negative starting each reply with 'Mais non . . .

Y – when to use 'y'

The pronoun *y* crops up everywhere in French. Sometimes it is used to mean 'there', replacing a phrase describing a place or position.

Il est dans le café?
Oui, il y est.

At other times it replaces **any phrase following** *à* (*à la, au, aux, à l'*) even though this may not always describe a place or position. (Except, of course, when people are referred to, see pronoun section page 25 and stressed pronoun section page 38.)

Ils vont au restaurant ce soir?
Bien sûr qu'ils y vont!

But also: Tu joues au ping-pong quelquefois?
Ah oui, j'y joue souvent.

And also it is used to replace a phrase describing something when you are using a verb that takes *à* + infinitive (See page 130.)

Il pense *à organiser une surprise-partie*, n'est-ce pas?
Oui, il y pense tout le temps.

D Invent answers to the following questions using *oui* and the pronoun *y*.

1 Tu viens au spectacle son et lumière ce soir?
2 A quelle heure allons-nous à la piscine?
3 Qu'est-ce qu'on met dans le saladier?
4 Le vinaigre est sur la table, non?
5 Vous allez en Italie cet été?

Now go back and answer each question using any of the following negatives: ne . . . pas/rien/jamais/plus.

E Answer the following questions using the correct pronoun.

1 Vous savez jouer au squash?
2 Quand offrez-vous des cadeaux à vos parents?
3 Pensez-vous souvent à ce que vous allez faire plus tard comme métier?
4 Téléphonez-vous souvent à vos amis, et si oui, quand?
5 Quand un ami vous écrit, répondez-vous à sa lettre tout de suite?
6 Est-ce que vous réussissez à vos examens d'habitude?
7 Quand allez-vous au restaurant?
8 Qu'est-ce qu'on peut mettre dans une omelette?
9 Si vous avez un problème, le dites-vous à votre professeur?
10 Est-ce que vous vous intéressez beaucoup à la politique?

F Can you invent questions to go with these answers? The answers all have *y* but the questions, of course, must be written in full, e.g., Oui, j'y habite.
Question: Toi aussi, tu habites à Lyon?

1 Oui, j'y pense.
2 Oui, ils y jouent le samedi.
3 Non, ils n'y vont jamais.
4 Oui, il va y réussir.
5 Oui, ma mère les y met toujours.
6 Oui, on y continue.
7 Oui, Madame Bélier y travaille.
8 Non, nous n'y commençons pas encore.
9 Oui, on va y aller dimanche.
10 Oui, il y a mal.

En — when to use 'en'

En is a pronoun which describes quantities, number of things and people. If people ask you questions about a number of objects, you can use *en* in your reply instead of having to repeat the whole phrase. E.g.,

> Vous voulez *trois kilos de pommes*?
> Do you want three kilos of apples?
> Non, j'*en* veux quatre, s'il vous plaît.
> No, I want four please.

> Tu veux *une glace*, n'est-ce pas?
> Non, je n'*en* veux pas.
> Combien *de places* y a-t-il?
> Il y *en* a six = There are six **of them**.

Since it replaces words with de/du/de la/des/de l', it is not surprising that it also means 'of it, of them' or 'from it, from them'.

'Je viens *de Paris*.'
'Tiens, moi aussi, j'*en* viens.'

So if you see *en* in a sentence, then you know that you are **not** talking about the direct object of a sentence, but that you are referring to **of**, or **from** something or someone, or you could be talking about **some of** something.

This may sound very complicated, but if, for example, someone points to a delicious huge cake and asks: 'Vous *le* voulez?' he will mean: 'Do you want **it**?' i.e. **the** (whole) cake. He is much more likely to ask: 'Vous *en* voulez?' which means: 'Do you want **some** (of it)' — which is quite a different matter!

En also refers to a phrase when you are using a verb that takes de (see page 51) e.g.,

> Il a envie *de faire l'escalade de cette montagne*?
> Mais, oui, il *en* a envie.

G Answer the following questions using the pronoun *en*. You have to start some sentences with 'oui . . .' You can add extra details if you wish (e.g., beaucoup, toujours . . .)

1 Tu prends *du café* au petit déjeuner?
2 Combien *de pièces de un franc* faut-il?
3 Tu as *un stylo*?
4 Combien *de timbres* veux-tu?
5 As-tu besoin *de ton magnétophone* cet après-midi?

Now answer the following questions in the negative; start each sentence with 'Non', e.g.,

> As-tu besoin de cette carte?
> Non, je *n'*en ai *pas* besoin.

6 A-t-elle peur *de tomber à l'eau?*
7 Vous prenez *un dessert*, monsieur?
8 Vous avez *un crayon à me prêter*, s'il vous plaît?
9 Elle a envie *de faire une randonnée à vélo demain?*
10 On peut parler *de nos projets de vacances?*

Extra

H In normal conversation you are not asking questions all the time: you are discussing and commenting on what has been said, and pronouns come in very handy. En is particularly useful because it means '**of** it; **about** it' as well as 'some, etc.', e.g.,

> 'On va aller à St. Tropez demain,
> Pierre peut venir aussi.'
> 'Ça alors, j'*en* suis très content.'

Can you work out some questions or comments to go with the sentences in the speech bubbles. Some suggestions of topics are given in brackets.

1 (aller au cinéma)

Non, je n'en ai pas envie!

2 (l'argent)

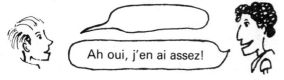

Ah oui, j'en ai assez!

3 (tomber)

Ouf, Paul, il n'en a pas peur!

4 (la surprise-partie de Claire)

Je m'en souviens, ça alors!

5 (connaître les aventures de X.)

Papa en parle tout le temps.

6 (les souvenirs)

Les touristes en achètent beaucoup.

7 (la salade)

Oui, j'en prends, merci.

8 (. . . Dijon)

Ils en arrivent.

9 (la guitare)

Il en joue très bien.

10 (ton séjour en France)

J'en suis très contente!

Now do the exercise again using your own topics of conversation.

The triangle of pronouns

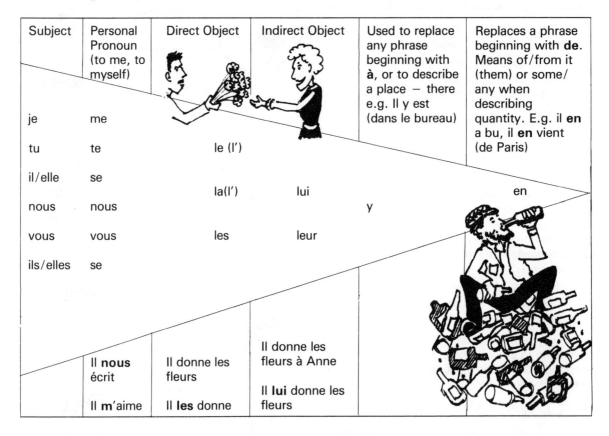

Subject	Personal Pronoun (to me, to myself)	Direct Object	Indirect Object	Used to replace any phrase beginning with **à**, or to describe a place – there e.g. Il y est (dans le bureau)	Replaces a phrase beginning with **de**. Means of/from it (them) or some/any when describing quantity. E.g. il **en** a bu, il **en** vient (de Paris)
je	me				
tu	te	le (l')			
il/elle	se				
		la(l')	lui		en
nous	nous			y	
vous	vous	les	leur		
ils/elles	se				
	Il **nous** écrit	Il donne les fleurs	Il donne les fleurs à Anne		
	Il **m**'aime	Il **les** donne	Il **lui** donne les fleurs		

. . . y en . . .

As mentioned earlier, there is a special order of pronouns in a sentence. The last two pronouns to fit into the triangle are *y* and *en*. One way to remember this is to think of the poor old donkey — 'y en' sounds like a French version of Eey-ore; or to carry the familiar phrase 'il y en a . . .' in your head.

The negative encloses the **verb and its pronouns**, a bit like a sandwich:

> je *ne* leur en donne *pas*.

It is rare to find strings of pronouns in front of a verb — you are unlikely to hear or see anything like this: 'Il lui y en donne.' = He gives him some there. But one frequently uses two pronouns together; Paul la lui offre; il lui en parle, and one finds a lot of pronouns in written French. *Y* and *en* particularly turn up with great frequency; very often they have become part of a very common phrase, or idiom, which the foreigner has to learn carefully if he does not want to get the wrong end of the stick!

Extra

Y en quiz

I   What do these mean in English?

1   Il y a du beurre.
2   Il y en a cent.
3   Je m'en vais.
4   Il y a longtemps . . .
5   On y va?

6 Il en a assez.
7 Allez-vous en!
8 C'en est trop!
9 Je n'en peux plus!
10 Il n'y a pas de quoi.

11 Ah, j'y suis maintenant!
12 Vas-y!
13 Ça y est!
14 Ne vous en faites pas, monsieur.
15 Je n'y peux rien.

16 Il s'en moque.
17 Y compris . . .
18 Sans y penser . . .
19 Où en êtes-vous?
20 Il n'en revient pas.

21 Il y tient.
22 Il m'en veut.
23 Il ne s'en fait pas.
24 J'en ai marre. (slang)
25 Je m'en fiche. (slang)

Order of pronouns in a sentence

J Can you answer the following questions using pronouns in your answer. You could have probably answered the questions with just *oui* or *non* and a few extra words, but your intention is to be very firm and clear about things!

Where necessary some suggestions about extra details have been given in brackets for you to include in your answer. If you prefer, you can invent your own! E.g.,

> Tu peux donner la clef à Chantal?
> Oui, je peux la lui donner cet après-midi.

1 Tu peux remettre ce petit livre à Monsieur Bréchet?   (ce soir?)
2 Tu as mis du sucre dans mon café?   (déjà . . .)
3 Est-ce que Paul parle aux campeurs de notre accident?   (Oui, il me semble que . . .)
4 Je mets cette pièce de 5 francs dans la fente?
5 M. Robert va prêter sa voiture à son fils?   (comme d'habitude)

In the following try and use the negative (Non, . . .).

6 Il te reste du papier à lettres? (malheureusement)
7 On va donner des chocolats au patron avant de partir?
8 Tu raconteras toute l'histoire aux autres?
9 On trouve des vipères en montagne? (pas en hiver)
10 Parlez-vous souvent à vos parents de vos problèmes? (jamais!)

Questions and pronouns

Even when you ask a question by inverting the verb (see page 3) the pronoun is placed in front of the verb. E.g.,

En prends-tu? = Are you taking any?

And if the question is in the negative:

N'en prends-tu pas? = Aren't you taking any?

N.B.   Do not be tempted to put hyphens (-) in where they are not needed. There is only a hyphen between the verb and pronoun if the pronoun comes **after** the verb, like the subject pronoun here:

Y vont-elles?, En avez-vous?

K Can you imagine that in each of the following cases you have to repeat your question — the person you are talking to sounds so surprised — but the second time you use pronouns in your question. If possible try to invert the verb. Remember to think hard about **hyphens**. E.g.,

Vous prenez des photos du monument? Il est si beau!

. . . *des photos* tu dis? . . .

Oui, en prenez-vous?

1

Tu vas au marché?

Au marché tu dis?

Oui, . . .?

2

Tu as de l'argent à me prêter?

De l'argent tu dis?

Oui, . . .?

3

Tu n'aimes pas ces gens? Tu n'es pas gentil avec eux!

euh . . . ces gens tu dis? . . .

Ne . . .?

4

Il n'achète pas de souvenirs pour son frère?

. . . des souvenirs pour son frère?

. . . Ne . . .?

5 (Think carefully where the pronouns go in this one!)

Ton père peut changer de l'argent à la banque pour moi?

de l'argent anglais à la banque?

. . .?

The imperative and pronouns — the exception to the rule

(There always is one!)
See page 9, The Imperative

When you tell someone to do something, e.g., *Fermez* la fenêtre, s'il vous plaît, we say that the verb is **in the imperative**. This is just a sophisticated way of describing a strong request, a command or order. The verb is very important when you are telling someone what action to perform, so it comes first in the sentence.

'Donnez-moi trois kilos de pommes s'il vous plaît.'

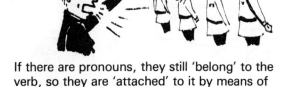

If there are pronouns, they still 'belong' to the verb, so they are 'attached' to it by means of hyphens.

'Donnez-le-lui, s'il vous plaît.'
'Parlez-lui-en, Paul.'

Give it to him, please.
Talk to her about it, Paul.

It is very important to remember the hyphens so that you can see which verb the pronouns go with. Pronouns are either tucked away in front of their verb or they are attached to it securely with hyphens.

The pronouns *me* and *te* change to *moi* and *toi* if they come after the verb in an imperative. (See also Reflexive Verbs and the imperative page 13.)

If you think about it, you will find that it is easier to say *moi* and *toi* at the end rather than *me* or *te*.

> Dis-moi (Tell me)

N.B. However, if *en* is used with them then they get shortened to *m'* and *t'*.

> Donnez-*moi* du pain
> **but** Donnez *m'en*

Just to complicate things still further, if you tell someone **not** to do something (i.e. in the negative) *ne* will be the first word in the sentence, **don't**, and the pronouns come in front of the verb as usual.

> Ne lui en parlons pas!
> Don't let's talk about it!

L Very often, people have to repeat their requests or commands. This happened in each of the cases below. Each time the speaker used pronouns in his command the second time round. Can you write down what he said? E.g.,

> Mettez les tasses sur la table!
> Mettez-les-y!

1 Préparons notre déjeuner!
2 Apportez les verres.
3 Ne touchez pas aux fruits, madame.
4 Ne parle pas à Serge de ce problème.
5 Téléphonez à Michel tout de suite!
6 Buvons du vin!
7 Mangeons des crêpes.
8 Ne disons rien de cela aux autres.
9 Pensez à venir nous voir bientôt.
10 Servez-vous de tout ce qu'il y a dans le frigidaire.

Pronouns with perfect and other compound tenses

With a compound tense (e.g., perfect, pluperfect) the pronouns come in front of the auxiliary (see glossary), e.g.,

> Je *l'*ai acheté.
> J'*y suis* allée.
> On n'*en* a pas acheté. (negative)
> L'*avez*-vous vu? (interrogative)

There is another complication. Can you work it out by reading the following and then answering the questions below?

— Où est-ce que j'ai mis mes clefs?
— Je ne sais pas. Je les ai vues ce matin sur la table.
— Sur la table? Ce n'est pas moi qui les y ai mises.
— Alors quelqu'un a pris tes clefs.
— Oui, mais qui les a prises?

— Tu n'as pas fait la vaisselle.
— Si je l'ai faite. Même hier je l'avais
— faite quand tu m'as demandé!
— Excuse-moi, je ne savais pas que tu l'avais déjà faite.
— Et tu vas şans doute dire que tu l'aurais faite toi-même!

1 Underline the direct objects, nouns and pronouns.
2 Now look at the spelling of the past participles.
3 When have the past participles been made to agree with the direct object?
4 Is the perfect tense the only compound tense which behaves in this way? If not, pick out examples from the extracts.

This is the only time when the past participle of an *avoir* verb agrees (See page 119 — une fois.)

5 Why do teachers and grammar books refer to this type of agreement as the 'preceding direct object agreement'?

In French this is called *l'accord du participe passé*, and school children have to learn about it and practise it! Please refer to page 45 and page 70 on relative pronouns.

En, which implies *de cela* does not agree with the past participle:

Des fleurs très rares, j'*en* ai *vu* beaucoup dans la Vanoise.

In a sentence starting with *Combien de* . . . it is advisable not to make an agreement, even though there are those who do.
Combien de fleurs rares as-tu *vu* (vuES is also possible and is quite acceptable.)

M In the following dialogues, can you complete the dialogue using a pronoun, and, if necessary, correct the spelling of the past participle.

1

Tu viens au cinéma ce soir, Stéphanie?

Non, je . . . suis déjà allé . . . hier.

2

A-t-il acheté de l'eau minérale?

Bien sûr; il . . . a acheté . . . 5 bouteilles.

3

Quelle jolie robe!

Merci; je . . . ai acheté . . . hier.

4

Oui, et elle . . . a déjà mis . . . à la poste.

Elle a fini d'écrire la lettre à la directrice du foyer?

5

Quelqu'un a vu mes lunettes? Elles sont vertes.

Vertes et noires, plutôt, non?
On . . . a remis . . . à la concierge;
on . . . avait trouvé . . . sur la pelouse.

6

Vous allez prendre contact avec Monsieur Bertrand?

Non, je . . . ai vu . . . ce matin en sortant du bureau, et je . . . ai déjà parlé . . .

7

Vous avez pu louer des vélos?

Oui, on . . . a loué . . . à la gare en arrivant à Carnac.

8

Ah! Mary et Stéphanie! Je crois que je . . . ai vu . . . ce matin au marché?

Non, vous ne . . . avez pas vu . . . ce matin — nous étions à la piscine.

9

Pourquoi as-tu acheté une lampe électrique? Il ne fallait pas, on a trouvé l'autre sous l'évier!

Je ne savais pas qu'on . . . avait trouvé . . .

10

Elles sont jolies, ces fleurs; c'est vous qui . . . avez choisi . . . ?

Oui, ce sont des lilas. On . . . a aussi acheté . . . un bouquet pour votre tante.

N Can you complete the following conversation with pronouns. There are also some past participles for you to decide about.

Henri Alors, papa, tu____ ____prêtes, ta voiture?

Papa Mais je____ ____ai déjà prêté____ hier soir, et dimanche et samedi aussi. Est-ce que c'est vraiment urgent?

Henri J'ai dit à quelqu'un que je pourrais ____conduire à la gare avec tous ses bagages.

Papa Tu____ diras qu'il devra prendre un taxi.

Henri Mais je____ ____ai déjà promis____, papa.

Papa Qui est-ce, ce quelqu'un?

Henri C'est mon ami.

Papa Ton ami. Et hier et dimanche tu ne ____as pas emmené____ à la gare, je suppose. Pourquoi ne____ invites-tu pas à prendre le déjeuner chez nous, cette amie. Ta mère et moi voudraient faire sa connaissance. Dis-____ qu'elle sera la bienvenue à la maison.

Henri Qui a dit que c'était une fille. Je n'ai pas dit que mon ami était une fille!

Papa Ah non, c'est vrai quand je____ pense. Mais en tout cas, quand tu____ verras, tu____ remettras cette trousse de maquillage et cette jolie brosse à cheveux. Je ____ ai trouvé____ dans la voiture et elle____ a peut-être besoin.

(20 pronouns or participles to think about!)

Extra questions:

1 Why does it take nearly half the conversation before Henri realises that his father knows all the time about his girl friend? (The clue is in the pronoun!)

2 With hindsight, there is one past participle which could be spelled differently, can you find it?

3 Were you confused as to which direct object pronoun to use in front of "verras" in papa's last speech? If so, well done. There probably isn't a "right" answer to that one!

The stressed pronoun

(Also known as 'emphatic' or 'disjunctive' pronoun)

With a name like that, it is not surprising that this type of pronoun is strong enough to stand on its own, without being attached to a verb! It is used in the following cases:

(a) On its own, for emphasis. E.g.,

Qui veut une glace?

moi!	me, **I** do!
toi!	you, **you** do!
lui!	him, **he** does!
elle!	her, **she** does!
nous!	us, **we** do
vous!	you, **you** do
eux!	them, **they** do
elles!	them, **they** do

(b) For emphasis at the beginning of a sentence. The French need these pronouns because they cannot stress individual words like we do in English. For instance, we can put stress on a word as in: **They** hate travelling by plane. In French because you cannot put a heavy stress on an individual word, you have to use a stressed pronoun for emphasis: *Eux*, ils ont horreur de voyager en avion.

(c) After a preposition:
chez lui, avec elle, pour vous.

(d) After c'est and ce sont:
c'est lui! ce sont eux!

(e) In comparison:
Ils sont plus intelligents que toi!

X   Can you complete the following dialogue with the relevant pronouns? Some, though not all, are stressed pronouns.

— Qui a fait cela? C'est_____,Richard?
— Non, ce n'est pas_____. C'est Jean -Luc.
— 'Et tu n'étais pas avec_____?'
— 'Non, je_____assure, c'est Jean-Luc Allibert qui_____a fait. Il fait toujours des mauvaises plaisanteries.'
— 'Et_____tu n'_____fais jamais, je suppose. J'aurais pu_____faire mal, je ne trouve pas ça rigolo,_____.'
— 'Je_____ _____dirai quand je le verrai.'
— 'Et dis-_____de ma part que je vais parler à ses parents._____ils n'ont pas le sens de l'humour autant que je me_____souvienne. Sa mère est une vraie vipère et son père est plus sévère qu'_____.'
— 'Calme-toi, Gisèle. C'était une plaisanterie. Tu ne t'es pas fait mal, et tout va bien. Allons boire un coup chez "Fabien".'
— 'D'accord. Allons-_____. Tu as raison. Oublions cet incident._____je n'_____parlerai plus.'
— 'Et quant à_____je n'_____penserai pas non plus.'
(20 pronouns to think about)

Extra
P   The following is taken from the 'Readers' Letters' page of a teenage magazine. As you can see, this was a January issue, and some readers wrote about their Christmas adventures. You will notice that various pronouns and past participle endings have been left for you to insert. There are 15 blanks for you to think about in each section.

(i) Boîte aux lettres

Dans notre dernier numéro nous____avons demandé votre opinion sur le réveillon. D'après bon nombre de nos lecteurs le réveillon n'est plus ce qu'il était autrefois. On____pense des semaines à l'avance, on court les boutiques pour trouver le petit cadeau qui fera plaisir, mais quand arrive le grand jour, il____réserve souvent des surprises et quelquefois des déceptions. Voici ce que Michèle Feras____a écrit:

Mes parents ne____permettent jamais d'avoir de surprises-parties à la maison. Mais cette année, ils partaient aux sports d'hiver et____laissaient l'appartement vide pendant les fêtes: occasion unique d'inviter mes copains à réveillonner chez moi! Mon ami Christophe, quand je____ ____ai parlé, était d'accord!

Dès la mi-décembre j'ai lancé mes invitations et j'ai préparé mon plan de bataille. Le 8 décembre déjà je____déclenchais pour être prête le 24 au soir. Inutile de____dire que je ne pouvais pas inviter 30 personnes sans____demander de bien vouloir partager les frais! La collecte a commencé très tôt parce qu'il fallait que je réunisse l'argent avant de pouvoir préparer le menu. Les copains, pour la plupart, donnaient ce qu'ils pouvaient, mais il____ ____avait qui____montraient difficiles et il a fallu____tirer l'oreille!

Ensuite — le menu pour le repas de fête: je____ai voulu spécial. Alors je____suis arrangé____avec un poissonnier qui____a promis trois bourriches d'huîtres de Bretagne (ça____rappellerait nos vacances de l'été dernier à Carnac!) J'ai aussi acheté du saumon pour____faire une mousse, et du pâté de foie gras. J'ai bien sûr dépassé le budget collectif. Mais ce que j'oubliais c'est que quand tout le monde participe, on partage les frais mais il n'____a qu'une qui tartine! Toute seule j'ai déménagé les meubles pour aménager une piste de danse. Après mes efforts de déménageur, j'ai fait des tours d'équilibriste sur deux chaises pour mettre des guirlandes partout — et enfin, je____suis fait____des crampes aux deux mains en préparant des dizaines de canapés.

Et Christophe? Je ne____ai pas vu____de la journée. Et mes copains? Eh bien,____, quand ils sont arrivés en____annonçant qu'ils n'avaient jamais ouvert d'huîtres de leur vie, je n'étais pas loin de la dépression. Avec trois couteaux et deux tournevis,____a fini par____venir à bout une heure et demie plus tard.

Le lendemain vers 2 heures de l'après-midi j'ai émergé avec une faim d'ogre (je____étais occupé ____de tout et j'avais oublié de manger) mais quand j'ai aperçu toutes les assiettes sales qui traînaient un peu partout, les coussins couverts de mousse au saumon (on ne____avait pas essuyé ____tout de suite!) et le plancher qui avait connu les grandes heures du rock, ça____a coupé____l'appétit. Et les copains? Pas question de____persuader de m'aider . . . Ça m'a pris 3 jours . . . Alors je____suis juré____que pour le réveillon du 31 on ne m'____reprendrait plus.

Vocabulary:	
le réveillon	an all-night celebration on Christmas Eve, or New Year's Eve including, at Christmas a midnight supper. This is accompanied by revelling and merry-making.
réveillonner	to stay up all night merry-making
déclencher	to launch
une bourriche d'huîtres	a hamper of oysters
déménager	to move furniture
aménager	to fix up
un équilibriste	a tight-rope walker
des guirlandes	decorations
un canapé	an open sandwich
un tournevis	a screwdriver
reprendre (à)	to catch (someone) again (at) . . .

. . . *Le réveillon du 31 décembre approchait et je n'avais pas encore fait de projet quand Christophe____a téléphoné____ ____ ____ proposait une surprise-partie chez des amis brésiliens. Je ne sais pas danser la samba, mais j'ai pensé que c'était l'occasion de____apprendre, et j'ai accepté. Christophe____a dit: 'Je ne me rappelle pas le numéro de la maison, mais____ verras, il____aura de la lumière et du bruit.' Le 31 au soir quand je suis descendue de l'autobus, j'ai vu dela lumière partout dans toutes les maisons! Evidemment____n'était pas les seuls à réveillonner cette nuit-là. J'ai fait le long de la rue et enfin, entre deux rocks j'ai cru distinguer le rythme d'une danse d'Amérique Latine. Je suis montée et à la porte j'ai été accueillie par Paul et Jacques (je ne____connaissais pas.) Ils____ont tout de suite entraîné____vers la piste pour danser. Une demi-heure plus tard j'étais en nage et j'ai couru vers un énorme jus de fruit, puis je suis partie à la recherche de Christophe. J'ai fait tout le tour de l'appartement, et j'ai fait la connaissance d'Albert, mais je n'ai pas trouvé Christophe. Je commençais à trouver ça bizarre: pas de Christophe é et ses amis brésiliens parlaient si bien le français. Je____ai demandé où était Christophe et s'____ ____ avaient vu____, et j'ai bientôt compris que je m'étais trompé de réveillon. J'avais vraiment honte et j'étais sur le point de m'enfuir, mais Albert____a rattrapée. Après tout je____étais bien amusé____jusqu'à présent avec____é alors pourquoi partir?*

____ m'a persuadé____de rester quand il m'a dit que je risquais d'errer toute la nuit en allant de maison en maison. Et j'ai passé une excellente soirée pleine de surprises. J'ai même participé au concours de tangocharleston, et Albert et____ avons gagné le second prix: c'était un bon pour revenir finir les restes du repas le lendemain . . . et faire la vaisselle et ranger la maison! Quel réveillon! Je m'____souviendrai toujours!

Et le prochain réveillon? Je____attends déjà avec grande impatience!

Vocabulary	
accueillir	to welcome
entraîner vers la piste	to drag to the dance floor
être en nage	to be bathed in sweat
s'enfuir	to escape
errer	to wander
un bon	a ticket, a coupon

7 Relative pronouns

Qui and Que

If you need to refresh your memory about subject and object please turn to page 1 of the introduction and also to page 23 of the pronoun section.
Qui means **who** or **which**. It links the subject to the verb.

Que means **which**, **whom** or **that** and it links the object of a sentence to the verb.

Qui can **never** be shortened.
Que **can** and **must** be shortened to *qu'* in front of a vowel: Qu'est-ce qu'il fait?

Voici un policier.
C'est un policier qui attend . . .

Voici un moustique.
C'est un insecte qui pique . . . il attend aussi . . .

Voici un monsieur qui attend aussi . . .

Voici le kidnappeur que le policier attend:

Voici les campeurs que le moustique pique . . .

Voici la personne que le monsieur attend!

A Instead of repeating the subject in the following sentences, which is boring, use *qui* to link the two sentences together, e.g.,

Regardez le bébé. Le bébé tombe.
Regardez le bébé qui tombe.

1 C'est une ville. La ville est pittoresque.
2 Donne-moi le plan. Le plan est dans le sac.
3 C'est un guide. Il parle anglais.
4 C'est le garçon. Le garçon apporte le menu.
5 Voilà le taxi. Le taxi arrive.

Now use *que* (*qu'*) as the link between the object and the verb, e.g.,

Où est l'hôtel? Nous cherchons l'hôtel.
Où est l'hôtel que nous cherchons?

6 Mais donne-moi le plan. Vous regardez le plan.
7 Voici le guide! Les touristes attendent le guide.
8 C'est un bon hôtel. Le Bureau de Tourisme recommande l'hôtel.
9 Voici l'autobus. Il faut prendre l'autobus.
10 Elle a les chèques de voyage. Elle veut les changer.

B Join these sentences together using the relative pronoun *qui* or *que* (*qu'*).

1 Jojo ne déclare pas les dix bouteilles de whisky. Il cache les bouteilles dans son manteau.
2 Zazou passe devant une sculpture moderne. La sculpture est bizarre.
3 Il ouvre le plan. Il consulte le plan
4 Les touristes arrivent à l'hôtel. Il n'est pas splendide cet hôtel!
5 Ils cherchent le parking. Le parking est derrière l'hôtel.
6 Ah . . . c'est la plage! Vous cherchez la plage!
7 Ah, non, pas ce parasol! Ce parasol est troué!

8 C'est une fille en bikini. Jojo observe la fille en bikini.
9 L'ingénieur examine l'ascenseur. L'ascenseur ne marche pas.

10 Zut! C'est la lanière de ma sandale! Elle s'est déchirée!

In English we often leave out 'which', 'that' and 'whom'. It must be confusing for a French-speaking person who never leaves out the relative pronoun in his own language. In the following sentences, which relative pronoun would a French person use, *qui* or *que*, if he were translating into French? Copy the sentences and insert an arrow in the correct place if a relative pronoun is needed in the sentence, e.g.,

The cheese ↑ he bought stank . . . *que*

C
1 Where are the keys I left on the table?
2 That's the man who kept following me.
3 It's the sort of magazine Jim reads.
4 The film we saw was awful.
5 The camera he chose was less expensive.
6 The safe the thief forced open was empty.
7 It's a system that works.
8 He's wearing shoes that squeak.
9 The radiator he repaired still leaks.
10 I've got an old blanket which might be useful.

Have you noticed anything interesting about when you put an arrow in the sentence? The answer is upside down at the bottom of the page.

Answer:
Every time an arrow is needed it is for a *que*. In English, it is only the object relative pronoun (*que* . . . whom, that, which) which can be left out. We **never** miss out the subject relative pronoun (*qui* . . . who, which)
Another useful tip for those of you who get muddled is that usually, in fact almost always, *qui* is followed by a verb and *que* is followed by a noun, e.g.,
L'omelette *qui* est délicieuse.
L'omelette *que* l'homme mange.

D Do these make sense? Copy the sentences and put a tick √ or cross × accordingly. Think carefully!

1 La banane qui mange le garçon.
2 Les éclairs que les enfants dévorent.
3 La cigarette qui fume le monsieur.
4 La cigarette que fume le monsieur.
5 La tarte les enfants mangent.

Extra
How would you say the following in French?

6 The film which is good . . .
7 The film Claude is watching . . .
8 The table Dad is mending . . .
9 The criminal they arrest . . .
10 The cat which is under the counter . . .

E Complete the extract below.

Paul,____n'aime pas les maths, téléphone à son copain, Jean,____est fort en maths. 'Eh, Jean, J'ai un probléme____je trouve difficile.' 'Et moi, j'ai un devoir d'anglais____je ne peux pas faire,' répond Jean. 'Si tu m'aides, je te donnerai la solution____tu demandes.' Paul____est fort en anglais, dit: 'd'accord'. Le devoir____il fait est parfait, mais les progrès____il fait en maths, et les progrès____Jean fait en anglais, ne sont pas extraordinaires!

Et vous____faites cet exercice de français, est-ce que vous faites des progrès?

F In the sentences below, first pick out the subject. Then, when you are sure which is the subject of the sentence, choose from the list a description which matches it, and rewrite the new, more detailed sentence, e.g.,

Le contrôleur examine les billets.
. . . qui porte un uniforme bleu . . .
Le contrôleur, qui porte un uniforme bleu, examine les billets.

1 Les touristes achètent les oranges.
2 Le détective observe l'homme suspect.
3 Marie attend l'autobus.
4 Le monsieur demande l'adresse.
5 Les Belges ont gagné le match.

. . . qui recherche un terroriste, . . .
. . . qui ont faim, . . .
. . . qui sont toujours les champions . . .
. . . qui cherche l'Hôtel Saint Jacques . . .
. . . qui va faire des courses en ville . . .

G Here are some details about the **object** of each sentence in Exercise F. Can you combine these details with the sentences in F? E.g.,

Le contrôleur examine les billets. Les billets, *que le contrôleur examine*, sont valables dix jours.

1 Les oranges, . . . coûtent quatre francs le kilo.
2 L'homme suspect, . . . porte une petite valise noire.
3 L'autobus, . . . est en retard.
4 L'adresse, . . . n'existe pas!
5 Le match, . . . était passionnant!

H You might find it helpful to write out each sentence so that you can underline the subject in one colour and the object in another colour. What does the sentence mean in English? Then, turn the sentence round as in:

Le cannibal attaque l'explorateur.
L'*explorateur que* le cannibal attaque . . .

What is the meaning of the new version?

1 Les garçons brisent la fenêtre.
2 Vous faites une erreur.
3 Les spectateurs mangent les sandwichs au jambon.
4 Il va regarder le match à la télé.
5 Le guitariste donne un concert.
6 Christine achète la mobylette.
7 Les trois copains ne veulent pas prendre la boîte de chocolats.
8 Nous prenons la raquette.
9 Elle aime les sports.
10 Richard adore la musique disco.

I Can you invent an ending for each of the following sentences? Some verbs are given to help you choose.

1 C'est un disque que . . .
2 Voici les magazines que . . .
3 C'est la dame que . . .
4 C'est l'élève qui . . .
5 C'est la musique que . . .
6 Ce sont les chaussettes qu' . . .
7 Regarde le tee-shirt qu' . . .
8 Jean aime la robe que . . .
9 L'automobiliste qui . . .
10 L'omelette que . . .

Some verbs to help you:
réparer — to mend; écouter — to listen to; regarder — to look at; porter — to wear, or carry; chercher — to look for; manger — to eat; aimer — to like; détester — to dislike; protester — to protest; il est — he is; choisir — to choose; Maybe you can think of others!

J The person who wrote the following account obviously didn't know about the existence of *qui* and *que*. He repeats himself rather a lot. Can you cross out the irrelevant bits and use qui, que (or qu') instead, to link sentences? You can use at least five of each!

Le commissaire Grandœil se cache derrière la porte du café. La porte est ouverte. Il observe un homme. L'homme a l'air suspect et la police recherche l'homme depuis cinq mois. L'homme commande une bière. Le garçon lui apporte la bière tout de suite. Lentement l'homme (il s'appelle Gino Faloufou) boit la bière, mais il ne la finit pas. Avec une cuillère il sort de son verre un petit objet noir: L'objet noir est probablement un micro-film ou un message secret. Le Commissaire Grandœil voudrait avoir ce micro-film ou le message secret, bien sûr. Il se précipite vers la table, la table est à côté du comptoir. Il oublie que le garçon doit être un complice. Au moment où il va saisir le micro-film (Gino Faloufou est sur le point de mettre le micro-film dans son étui à lunettes) le garçon (le garçon est membre du gang) saute sur lui. Il tire la jambe du policier, le policier tombe à terre et perd connaissance; et ainsi les deux malfaiteurs (la police internationale veut attraper les deux malfaiteurs) se sauvent encore une fois.

> 1 Le lion que mange la fleur.
> 2 Le bébé que joue.
> 3 Le squelette que est dans l'armoire.
> 4 Le taxi qui conduit le chauffeur.
> 5 La glace qui mange le garçon.
> 6 La famille que regarde la télévision.
> 7 La lettre qui écrit à Jean.
> 8 Le dentiste que la dent arrache.
> 9 Les frites que ils mangent avec le poisson.
> 10 Un garçon qui fait beaucoup d'effort.

K If you were a French teacher, how would you correct this exercise? Remember, the best teacher writes why something is wrong, or puts in the correct version in order to help the pupil.

L Join the two sentences together using the relative pronoun *qui* or *que*.

1 C'est un client difficile. Le client refuse de payer.
2 Qui a mangé le chocolat? Il était sur la table!
3 Où est la lettre? Mon frère voulait la lire.
4 C'est une photo du terroriste. Le terroriste a mis la bombe dans l'hôtel.
5 N'oublie pas le disque. Je veux emprunter ce disque.

Qui or que?

6 C'est un secret_____il ne faut pas révéler.
7 C'est un voisin_____est trop curieux.
8 C'est un homme horrible_____je déteste.
9 On n'a pas le numéro de téléphone _____vous cherchez.
10 Tiens! un robot_____parle!

Qui and que with the perfect tense and other compound tenses using avoir

There is one awkward rule to remember when you use the perfect tense. If the direct object comes before the verb, the past participle must agree with the object, e.g., *les cartes postales* que j'ai choisi*es*. (See also pages 35 and 70.) It is the same with the pluperfect and other compound tenses.

In the following sentences underline the direct object and see if it comes before a verb. If it does, do you need to add an *e*, *es*, *s*, or nothing at all?

M
1 La glace? Oh, Paul l'a fini_____
2 Ton livre? Je regrette, je l'ai perdu_____.
3 Paul et Michel, que nous avons rencontré_____en route, vont aller au cinéma.
4 Qui a mangé les éclairs que maman a acheté_____?
5 Marie et Sylvie, qui ont vu_____le film, ne vont pas venir.
6 La police a découvert la bombe que le terroriste avait caché_____dans le bureau.
7 C'est le troisième match que l'équipe française a gagné_____.
8 Ce garçon qui a aidé_____l'accidenté de la route, a aussi téléphoné à la police.
9 Voici la tapisserie que la Reine Mathilde a fait_____.
10 Il y a eu une explosion qui a secoué _____l'aéroport.

N Link the two halves of these sentences with qui or que and check that the participle agrees where necessary.

1 Maman pleure à cause des oignons_____elle a épluché_____.
2 Elle a trouvé la carte d'identité_____elle avait laissé_____à la piscine.
3 Tom attend la souris_____il a chassé_____ dans le trou.
4 L'émission_____nous avons vu_____nous a amusé_____.
5 Votre portefeuille_____était sur la table a disparu.
6 Il faut réparer l'appareil_____Henri a cassé_____en le laissant tomber par terre.
7 L'employé_____nous a passé_____la fiche, n'a rien dit.
8 Le monsieur a rendu la fiche_____il a rempli_____.
9 Le musée_____on a visité_____était plein de touristes japonais.
10 Voici l'élève_____a déjà fini_____le devoir.

Extra
O How would you say:

1 There's the man who asked us the time.
2 The soup she made was awful!
3 A man is sitting in the seat I reserved!
4 The conversation we heard was most interesting.
5 Madeleine and her sister whom Jean invited have refused to come to the party.

Ce qui and ce que

(See also indirect speech, page 113.)
If there isn't a noun in front of the *qui* or *que*, then we supply the word *ce*. *Ce* means 'this' or 'that'. *Ce qui* and *ce que* mean **what** as in:

— Qu'est-ce que tu as dit?
— Tu sais bien *ce que* j'ai dit!
— Qu'est-ce qui fait ce bruit?
— Je ne sais pas *ce qui* fait ce bruit!
— Qu'est-ce qu'il fait?
— Je ne sais pas *ce qu'*il fait.

What did you say? . . . You know very well **what** I said!
What made that noise? . . . I don't know **what** made that noise!
What's he doing? I don't know **what** he's doing.

P   Link the two halves of these sentences with, . . . qui or . . . que.

1   Qu'est-ce_____brille?
2   Qu'est-ce_____nous allons faire?
3   Qu'est-ce_____l'employé dit?
4   Qu'est-ce_____elle crie?
5   Qu'est-ce_____se passe?
6   Je ne sais pas_____ _____il y a dans ce paquet.
7   Savez-vous_____ _____a causé l'accident?
8   Regarde_____ _____le garagiste a trouvé dans le moteur!
9   Je ne sais pas_____ _____vous force à partir si vite!
10 Il a noté_____ _____on avait volé.

Q   Answer these questions, e.g.,

Qu'est-ce qu'il a fait?
Je ne sais pas *ce qu'*il a fait. = I don't know what he has done.

1   Qu'est-ce qu'ils ont répondu? I don't know what they replied.
2   Qu'est-ce qu'elle a oublié? We don't know what she . . .
3   Qu'est-ce que le pilote annonce? They cannot hear what . . .
4   Qu'est-ce qui s'est passé à la surprise-partie? You know very well what . . .
5   Qu'est-ce que l'Italien dit? I do not understand what . . .
6   Qu'est-ce qui l'a rendu furieux? I don't know what . . .
7   Qu'est-ce qu'il faut faire? We have forgotten what . . .

8   Qu'est-ce que le pauvre garçon a mangé? I cannot imagine what . . .
9   Qu'est-ce que vous préférez? I don't know what . . .
10 Qu'est-ce que Michel attend? The friends don't know what . . .

Extra

R   How would you say:

1   What's he saying?
2   I have not seen what he gave you.
3   We don't understand what's going on.
4   She doesn't know what she wants!
5   He finished what we gave him.
6   Do you know what he wore?
7   What do you want to eat?
8   Look at what he's doing!
9   Listen to what the teacher says!
10 I've forgotten what you said.

Tout ce qui/tout ce que

S   Answer the following questions using *tout ce qui/que* to avoid repeating the list of things mentioned. Start each answer with *Oui* or *Non*. Check the verb! *Tout* is singular!
E.g., Mettez le papier, les stylos, les livres et les crayons qui sont dans le sac sur la table: Mettez *tout ce qui* est dans le sac sur la table.

1   Est-ce que Jojo a déclaré le whisky, le cognac, le vin et les cigarettes qu'il a achetés à l'aéroport?   Non, . . .

CUSTOMS : DOUANE

2 Vous avez mangé le saumon, le fromage, les fruits, la salade, et les saucisses qui étaient dans le frigo? Oui, nous . . .

3 Tu as vu les verres, les bouteilles vides, les assiettes et les cendriers qu'il y a sur le tapis? Oui maman, je vais ranger . . .

4 A-t-il jeté les papiers, les journaux, les cartes et les brochures que sa mère a trouvés sous le lit? Non, . . .

5 Est-ce qu'on a pris l'argent, le passeport, les chèques de voyage et le carnet qui étaient dans le sac? Oui, . . .

6 She likes everything I do.

7 It's all I'm asking.

8 They have everything they want.

9 He ate everything that was on (dans) his plate.

10 The tourists admired everything there was.

N.B. In the following examples, when you are talking about **people** one simply uses *qui* on its own, just as we use **who** in English, e.g.,

Je ne sais pas *qui* a pris son appareil.
I don't know **who** took his camera.

1 Who broke the window?
2 I don't know who broke it.
3 The caretaker knows who did it.

If you wish to say **Those who, all those who** . . . please read the next column.

T Check point (Qui, que, qu', tout ce qui/que)

1 Demandez lui_____il a vu.
2 Aimes-tu la robe_____j'ai achetée?
3 C'est un homme_____est très courageux.
4 Prenez tout_____il y a dans le tiroir.
5 Ton ami a lu tout_____tu as écrit dans la lettre.
6 Ouvrez le colis_____est arrivé ce matin!
7 C'est un plan_____on m'a donné au syndicat d'initiative.
8 Le bracelet_____lui a donné son fiancé est vraiment très beau.
9 Je ne crois pas_____il dit.
10 De quelle couleur était la Renault_____vous avez vue?

Mind your qui's and que's when other pronouns are involved, especially *nous* — which can mean **to us, for us** as well as just **us**; and **vous** which can mean **to you, for you** as well as **you**.
(See also pages 28 and 70.)

U Complete with qui or que, then say what the meaning is in English.

1 La chambre_____nous donne l'hôtelier . . .
2 Les fleurs_____vous a offertes David . . .
3 L'oncle Régis_____nous raconte ses aventures . . .
4 Un inconnu_____vous a téléphoné . . .
5 Les billets_____vous rend le contrôleur . . .

Extra

6 Where is the address he gave us?
7 That's the restaurant he showed you.
8 Have you got everything Mr. Guichard gave us?
9 We've spoken to the manager who has explained the problem to us.
10 We must do what he says.

Celui (celle/ceux/celles) qui/que . . .

Attention! See also Questions page 6 and Relative Pronouns page 53, 54.
Do not confuse ce qui, etc., with celui, celle qui/que, etc. *Celui, celle, ceux, celles* mean **the one**, **the ones (which/who)** or **this, these (which/who)** when you are pointing something out.

Compare them with stressed pronouns page 38, c'est lui, c'est elle, ce sont eux, ce sont elles. Sometimes you can add -ci or -là to them to mean **these** (here) or **those** (there). E.g.,

'Lesquels? Ceux-ci? . . . Non, ceux-là!'
Which ones? these? . . . No, **those** (there)!

V Can you complete the sentences below with celui (celle, ceux, celles) qui/que. There may also be some past participles to think about!
(See pronouns section page 35 and 70.)

1 Quels documents?_____ _____sont près du téléphone.
2 Quelle bouteille?_____ _____nous avons acheté_____ce matin.
3 Quelles photos?_____ _____Jean a pris_____l'été dernier.
4 Quel pantalon?_____ _____Roger vient de laver.
5 Quels voisins?_____ _____habitent en face.

W Can you correct Joe Plod's work? Write the correct version in for him above any mistakes he has made, and give him his final mark.

Ex. 3. p 24.   Joe Plod.

1. C'est un reporter ce qui pose trop de questions.

2. Les trois suspects qu'il l'inspecteur veut interroger sont ici.

3. Paul a dévoré tout ce qu'il a vu sur la table.

4. Je ne sais pas ce qui a téléphoné tout à l'heure.

5. Tiens, est-ce là Michel qui est devant le cinéma avec Gigi?

6. Toutes les crêpes qu'elle a mangé l'ont rendue malade.

7. Pardon, madame, c'est le garçon derrière moi que m'a poussé.

8. Je vous présente Madeleine ce qui est la cousine de Claude.

9. Enchanté, je vous ai vu sur toutes les photos ce que Claude
    a pris de vous.

10. Ce qui je n'aime pas, c'est son jean qu'est trop étroit.

X Alf Bore's work is correct but tedious. How could he have made it less dull?

Un jour la famille Duchard (La famille Duchard habite à Dijon.) a décidé de faire un pique-nique. Maman (Maman avait fait un gâteau et des tartes.) a commencé à mettre le gâteau, les tartes, le pain, le beurre, le fromage, la salade, le poisson, le poulet, le thermos et la nappe, etc., (Elle avait préparé le gâteau, le pain, le beurre, la salade, etc.) dans un grand panier. Cependant Monsieur Duchard a mis les pliants et le parasol (Les enfants ont cherché les pliants et le parasol dans le garage.) dans le coffre de la voiture. Enfin maman est sortie (Maman portait un chapeau de paille.) avec le panier. Monsieur Duchard a mis le panier dans le coffre.
— En voiture! Nous partons! a crié Monsieur Duchard, et les enfants (Les enfants étaient très contents.) sont montés dans la voiture.
   Une heure plus tard ils sont arrivés au bord d'un lac. Ils ont sorti leurs affaires et les enfants ont regardé avec plaisir le gâteau, la tarte, le pain, le beurre, le fromage, etc. Maman a mis le gâteau, la tarte, le pain, le beurre, le fromage, la salade, etc. sur la nappe. 'Voilà, le déjeuner est prêt,' a dit maman, 'mais où sont les assiettes? J'ai mis les assiettes dans une boîte sur la table dans la cuisine.'
— Et tu as sans doute oublié les couteaux et les fourchettes. Les couteaux et les fourchettes sont aussi dans une boîte dans la cuisine!
— Ah non! Tant pis! C'est un vrai festin. On va manger le festin sans façons! a dit Madame Duchard.

8 More about relative pronouns

Relative pronouns with prepositions

(a) For people use qui, e.g.,

La fille (le garçon) *avec qui* je travaille . . .
The girl (boy) **with whom** I work . . .

(b) For things use lequel (lesquels) laquelle (lesquelles) or où, e.g.,

Le bâton *avec lequel* le fermier frappe la vache
. . .
The stick with which the farmer hits the cow . . .

(c) Instead of *dans* lequel, etc. (in which), *auquel/à* laquelle, etc. (at or to which), one can use *où* (where) to link the sentence, e.g.,

La pièce *dans laquelle* on va manger . . .
The room **in which** we're going to eat . . .
La pièce *où* on va manger . . .
The room **where** we're going to eat . . .

A Complete the following . . .

1 L'usine (in which, where) l'électricien travaille . . .
2 La branche (on which) l'oiseau se perche . . .
3 La fenêtre (through which) l'élève regarde . . .
4 Les règlements (against which) les ouvriers protestent . . .
5 La dame (with whom) il dîne au restaurant . . .
6 Le syndicat d'initiative (behind which) vous allez trouver les toilettes . . .
7 Michel (to whom) j'écris . . .

With à, lequel becomes auquel
lesquels becomes auxquels
lesquelles becomes auxquelles . . .
This happens often with verbs followed by à like répondre à, réfléchir à, penser à, etc.

8 Les questions____il répond . . .
9 Le problème____je pense . . .
10 Les documents____il réfléchit . . .

A number of prepositions are followed by *de*:
e.g., près de, à côté de, au milieu de, en face de
. . . With these and other phrases with *de*, remember that since de + le/s changes to du/des, you must use duquel, desquels, and desquelles where necessary. Le village *au centre duquel* se trouve une église . . . = The village in the middle of which there is a church . . .

B Complete these sentences:
1 Le pont (beside which) il y a un kiosque . . .
2 Le lac (on the edge of which) il pêche . . .
3 Les maisons (opposite which) il y a un parc . . .
4 Les bois (in the middle of which) se trouve un refuge . . .
5 Le collège (near to which) il y a une piscine . . .

C Join these sentences. e.g.,

C'est un beau jardin. Au milieu du jardin il y a un pommier.
C'est un beau jardin *au milieu duquel* il y a un pommier.

1 C'est un collège immense. Dans la cour du collège il y a un étang.
2 Nous avons visité la place. Au milieu de la place se trouve une fontaine.
3 Le directeur entre dans la salle de classe. Au fond de la salle de classe il aperçoit une caricature de lui.
4 ils n'ont pas regardé le rideau. Le voleur s'était caché derrière le rideau.
5 Il va gravir la montagne. Il va mettre le drapeau britannique au sommet de la montagne.

D Join these sentences:
1 Mes camarades ne parlent pas anglais. Je vais en Angleterre avec eux.
2 Prends la chaise. Le chat est assis sur cette chaise.

3 L'ingénieur a examiné la machine. Au milieu de la machine il a trouvé des ciseaux.

4 Le chef prend une casserole. Il a versé tous les ingrédients dans la casserole.

5 Il a suivi la jeune fille blonde dans le train. Il voulait s'asseoir à côté d'elle.

6 Michel a laissé sa moto chez lui. Il achète un pneu pour sa moto.

7 Ils veulent aller à la Tour de Pise. Du haut de la tour il y a une vue superbe.

8 Voici les clefs. Sans elles vous ne pourrez pas entrer dans mon appartement.

9 Ah . . . c'est l'amour. Je pense à l'amour.

10 Paul attend Madeleine. Il va au stade avec elle.

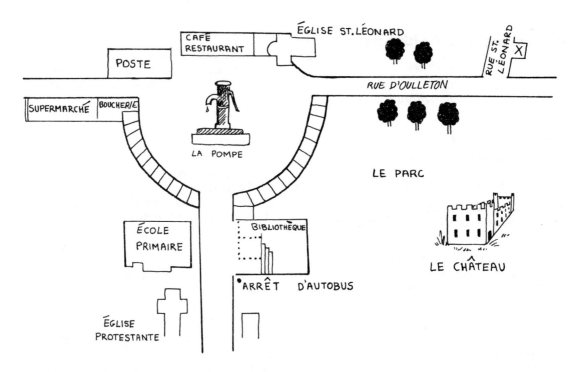

E Complete the following:

Au milieu de notre petit village se trouve une vieille pompe_____les maisons et les magasins se groupent en cercle. On voit la belle église St. Léonard_____se trouvent le café-restaurant et la poste_____se trouvent un petit supermarché et la boucherie. L'école primaire_____il y a une autre église est en face de la bibliothèque_____est l'arrêt d'autobus. La bibliothèque_____il y a juste assez de place pour garer deux voitures est ouverte tous les jours sauf le mercredi et le dimanche. Tout près du village, à 50 mètres environ, il y a un beau parc_____se trouve le château. Il date du XVIe siècle, et puisqu'il est bâti sur une colline, il domine le village. Le duc_____le château a été construit, n'aimait pas les gens curieux: c'est la raison_____il a fait construire un mur haut de deux mètres tout autour du parc. Si vous longez la rue d'Oulleton, vous arrivez à la grande grille. C'est l'entrée du parc_____se trouve ma rue — la rue St. Léonard. Ma maison est là où vous voyez la croix!

autour de — around; près de — near to; à côté de — next to; devant — in front of; en face de — opposite; à droite de — to the right of; à gauche de — the left of; pour — for; au milieu de — in the middle of; pourquoi — why.

Dont — the link word

Dont is the link word to use when you want to say **of/about which, of/about whom/whose**
e.g., the boy **whose** pen I borrowed . . .
It is very useful because it is used for people and things, and it doesn't have to agree with anything, (unlike duquel, etc.) You just have to know where it goes in a sentence, e.g.,

La dame *dont* il parle . . .
The lady about whom he's talking, the lady he's talking about . . .

Monsieur Joubert *dont* je connais le frère . . .
Mr. Joubert **whose** brother I know . . .
(literally **of whom** I know the brother . . .)

F What do these mean in English, **whose**; **about** which/whom; **of** which/whom? If you are stuck, the answers are written at the bottom of the page.

1 Le savant dont il écrit la biographie . . .
2 Mon nouveau patron dont je connais la nièce . . .
3 Les statues dont il a parlé . . .
4 Le pilote dont je vous raconte l'histoire . . .
5 Les tomates dont elle prend deux kilos . . .

G Study the example carefully. Using it as a model, can you do the same thing with the sentences that follow:

Il parle *du nouveau film*. Le nouveau film *dont* il parle . . .
He's talking about the new film. The new film he's talking about (about which he's talking) . . .

1 Tu as pris une photo *du château*.
2 Vous avez loué l'appartement *de la famille Dupont*.
3 Il a mangé la moitié *du gâteau*.
4 J'ai cassé le couvercle *de cette casserole*.
5 J'ai oublié le nom *de la jeune Espagnole*.

H When you have done Exercise G, write down the English meaning of what you have written.

I Here are some phrases which complete what you have written in Exercise G. Can you match each phrase with its other half so that it makes sense? E.g.,

Le nouveau film *dont il parle* . . . a gagné la Palme d'Or.
The new film he's talking about has won the Golden Palm.

1 . . . va passer trois semaines en Angleterre.
2 . . . est vraiment délicieux!
3 . . . date du XVIIᵉ siècle.
4 . . . est très gentille.
5 . . . est pleine de soupe chaude.

J Go back to Exercise F. Can you make these phrases into complete sentences **either** by putting a word like *voici* or *c'est* in front of them **or**, if you feel more adventurous, by inventing an ending to the sentence, e.g.,

La dame *dont* il parle . . .
Regardez la dame dont il parle!
La dame dont il parle habite près de chez moi.

Here is a useful tip. You will find that *dont* is often used with verbs and expressions followed by de. Here is a list of some common ones:

avoir peur de	to be afraid of
avoir besoin de	to need
avoir honte de	to be embarrassed about, to be ashamed of
se plaindre de	to complain about
se souvenir de	to remember
se servir de	to use
remercier de	to thank
se moquer de	to laugh at, make fun of
dépendre de	to depend on
s'occuper de	to take care of
être content de	to be pleased with
s'inquiéter de	to be worried about
rêver de	to dream about

Answers to Exercise F:1 The scientist whose biography he is writing . . . 2 My new boss whose niece I know . . . 3 The statues he spoke about . . . (about which he spoke . . .) 4 The pilot whose story I'm telling you . . . 5 The tomatoes of which she's taking 2 kilos.

K Can you complete the extract below with *que* or *dont* wherever there is a missing link word.

L'été aux Quatre Vents

Le centre de vacances dans les Hautes Alpes_____on rêve! Si c'est le soleil et la montagne_____vous cherchez venez vite! Si c'est la nature et la liberté_____vous avez besoin, vous les trouverez ici aux Quatre Vents. Venez vite apprendre la montagne! Inscrivez-vous à un de nos sept stages (chacun dirigé par un moniteur expérimenté) — voici les stages différents:

> **Raids pédestres**
> **7 sommets +3000 mètres**
> **Tour des Glaciers**
> **Découverte de la Montagne**
> **Faune et Flore**
> **Orientation et randonnée**
> **Création et balisage de sentiers . . .**

Il y a du volley ball, de la pétanque, du tennis de table, des livres, des disques, une piscine . . . C'est l'endroit idéal pour passer des vacances_____l'on n'oublie pas.

By now you may be getting the feel of how to use *dont* in a longer sentence. If not, you may find it easier if you imagine that the phrase introduced by *dont* is in brackets; it is an extra, and the sentence should make sense without it, e.g.,

Le monsieur (dont vous parlez) est très gentil . . . Le monsieur est très gentil . . .

L What do these incomplete sentences mean? (The answers are at the bottom of the opposite page.)
1 L'appareil de photo dont je me sers . . .
2 La fille dont je parle . . .
3 L'hôtel dont nous nous plaignons . . .
4 Les choses dont j'ai besoin . . .
5 L'homme dont je dépends . . .
6 Les insectes dont on a peur . . .
7 L'élève dont ils se moquent . . .
8 Le tableau dont je suis content . . .
9 Une histoire amusante dont je me souviens . . .
10 Les enfants dont elle s'occupe . . .

M Can you complete the sentences in the previous exercise with the correct phrase from below?

1 . . . est jolie et blonde.
2 . . . est un Kodak.
3 . . . pour m'amener à la gare n'est pas encore arrivé.
4 . . . sont très gentils avec elle.
5 . . . sont les scorpions et les guêpes.
6 . . . est accroché dans le salon.
7 . . . s'appelle l'Hôtel de la Plage.
8 . . . s'est passée l'année dernière à Noël.
9 . . . sont de la corde, un couteau et des allumettes.
10 . . . porte un pantalon rose et jaune à fleurs.

Extra

N You might need to write the following in a letter. How would you say them:
(The thing) I remember most . . .
(The things) I need . . .
(The thing) I am happy about, which pleases me . . .
(. . . the present) for which I thank you very much.
. . . about which I am delighted, thrilled. (ravi = thrilled.)

O Join these sentences together using *dont*, e.g.,

Raconte-moi l'incident *dont* Paul a parlé.

1 Cette dame a un chien féroce. J'ai peur de ce chien.
2 Il va rembourser le garçon. Il a cassé l'appareil du garçon.
3 L'ouvrier a emporté le marteau. Papa a besoin du marteau.
4 Jean-Yves a un ami. Les parents de l'ami habitent à Cannes.
5 Voulez-vous aller voir le film? Jean et Claude ont parlé du film hier.
6 Le chef goûte la tarte aux pommes. Les clients se sont plaints de cette tarte.

7 Chère Tante Mathilde, ta gentillesse m'a touché. Je te remercie de ta gentillesse.
8 Nous reconnaissons cette jeune fille. Nous avons vu la photo de la jeune fille dans l'album.
9 N'invitez pas M. et Mme Cassetout. Les enfants de M. et Mme Cassetout sont insupportables!
10 Il remet le gâteau sur le plat. Il a déjà mangé la moitié du gâteau.

(Tout) ce dont

P Revise pages 46, 47, 112–13 before you go on! In the same way that you have to supply *ce* if there is no noun for *qui* and *que* to link to, you have to supply *ce* when *dont* has no noun to link to, e.g.,

Je ne sais pas *ce qui* se passe . . .
Je ne sais pas *ce que* vous voulez . . .
Je ne sais pas *ce dont* vous avez besoin (. . . WHAT . . .)

Complete with any of the following:

Ce qui/que/dont . . . Tout ce qui/que/dont

1 Il ne comprend pas_____vous avez écrit.
2 Le marchand se demandait_____ils allaient faire.
3 Le patron va s'occuper de tout_____vous vous plaignez.
4 Il faut se rappeler_____le chef de la bande a dit.
5 Comprenez-vous_____il parle?
6 Alors, les alpinistes ont tout_____ils ont besoin?
7 Nous savons_____Monsieur Leblanc a acheté pour sa femme.
8 Il ne sait pas_____vous avez fait ce matin.
9 Oh là là! quel travail avec tout_____je dois m'occuper!
10 Nous avons deviné_____ils ont décidé de faire.

> **Vocabulary**
> deviner   to guess

Answers to Exercise L. 1 The camera I'm using . . . 2 The girl I'm talking about . . . 3 The hotel we're complaining about . . . 4 The things I need . . . 5 The man I depend on . . . 6 The insects we are scared of . . . 7 The picture pupil they're making fun of . . . 8 . . . with pleased I'm 9 A funny story I remember. 10 The children she talks of . . .

Celui (celle/ceux/celles) dont

Q Please refer to celui, etc., pages 6, 47, 53, 70, 71.
Complete the following with:
celui/celle/ceux/celles qui/que/dont — (the one which, about which, or whom; those which, about which, whom)

1 Quels livres?_____sont sur la table.
2 Quelle dame?_____porte ce chapeau ridicule.
3 Quel monsieur?_____Sylvie a parlé ce matin.
4 Lesquelles?_____tu as besoin.
5 Avec qui? Avec_____tu n'aimes pas!
6 Pour qui? Pour tous_____ont fini.
7 Laquelle?_____nous avons invitée.
8 Quel travail?_____je m'occupe.
9 Quoi? Tout_____vous avez pris.
10 Quel pantalon?_____est sur la chaise.

R Can you complete the following extracts so that they make sense?

Pour trouver un emploi. . .

Muni de votre numéro de Sécurité Sociale et d'une carte d'identité vous vous rendez au guichet où l'on vous remet un dossier d'inscription_____est en quelque sorte un mini-curriculum vitae à remplir. N'hésitez pas à inscrire tous les petits jobs d'été_____vous avez eus, même s'il ne s'agit que du baby-sitting_____vous avez fait pendant les vacances . . .

Les Métiers
Apprenez chez vous le
metier_____vous plaît

Monteuse de films . . .
Une qualification_____vous ouvrira les portes du monde du cinéma.

Décorateur Intérieur . . .
Devenez le professionnel_____sait sans hésiter agencer un intérieur, choisir les styles et créer une ambiance personnelle.

Programmeur . . .
Vous avez l'esprit logique, vous aimez les maths? Voici un métier_____vous aimerez.

Opérateur sur ordinateur . . .
Sans aucune formation préalable devenez en quelques mois opérateur. C'est un métier moderne_____est bien payé.

Photographe de Mode . . .
C'est la mode et les présentations de collections_____vous aimez? Devenez photographe de mode!

Toiletteuse de chien . . .
Vous_____adorez les chiens, faites ce métier_____vous exercerez avec amour et plaisir.

Assistante sociale . . .
Si vous désirez exercer un métier passionnant_____vous permettra d'aider les autres, préparez l'examen d'entrée à l'école d'assistantes sociales.

Educateur sportif . . .
Vous êtes sportif, c'est le travail de plein air_____vous attire? Préparez le brevet d'Etat et devenez ensuite moniteur (tennis, natation . . .)

Indiquez le métier_____vous intéresse. Nos documentations préparées par des spécialistes de l'orientation vous donneront des renseignements sur le métier_____vous voulez choisir. Télé-Information Jeunifico pour obtenir très vite la documentation! Appelez Paris 53-94-000

S Can you complete the following using pronouns from the **whole** pronoun family — not just 'relatives'.

Chère Marie-Louise,
J'ai 18 ans et je pèse 69 kilos (pour 1m67)____ ____fait trop. Après les fêtes je ne peux plus me regarder dans une glace: boutons, kilos, comment m'en débarrasser? Béatrice.

C'est une question à____il n'y a qu'une réponse. Supprimez l'alcool, les sauces, les sucreries, le pain, la charcuterie et les matières grasses . . . enfin tout____ ____fait grossir. (M-L)

Chère Marie-Louise,

J'ài 17 ans et je voudrais sortir avec une jeune fille____me plaît beaucoup et____j'ai fait la connaissance chez des amis. Seulement, je suis sans travail et ça me gêne beaucoup, car je n'ai pas assez d'argent pour____'inviter; d'ailleurs je n'ose pas____demander de partager les frais. Que faire? Robert.

Une jeune fille gentille ne refuserait pas de sortir avec____tout simplement parce que vous êtes sans emploi et n'avez pas beaucoup d'argent. Expliquez-____franchement tout____ ____vous m'avez écrit. Si vous lui plaisez elle sortira avec vous, même si vous êtes fauché! Sinon, il vaut mieux en trouver une autre! (M-L)

Vocabulary	
partager les frais	share costs
fauché	broke, without any money

Using pronouns from the whole pronoun family — triangle, stressed, and relative

---

T Can you complete these two extracts from letters by using appropriate pronouns from the whole pronoun family (those living in the triangle, the stressed pronouns and the relatives.)

. . . J'ai bien pensé à____dimanche car nous avons passé une journée à la piscine tant il faisait chaud. Dimanche prochain j'espère qu'il fera aussi beau pour l'anniversaire de grand-père. Nous serons 18 ou 19,____ ____me donne un peu de souci pour le repas. Mon frère____'a fabriqué un barbecue et nous faisons des grillades et des brochettes. Donnez-____de vos nouvelles lorsque vous avez le temps, et s'il y a des livres____vous avez besoin pour vos études et____vous ne trouvez pas chez____en Angleterre, n'hésitez pas à____ ____demander.

. . . J'ai attendu presque le dernier jour des vacances pour____'écrire, mais tu vas m'excuser j'____suis sûre. Tu sais____ ____c'est: les journées passent si vite en vacances . . . Maintenant je n'ai plus d'examens. Les deux certificats____je me suis présentée sont maintenant de bons souvenirs; bons puisque je suis reçue et c'est bien agréable! Cathy a obtenu hier soir son premier grand prix de piano____elle est bien sûr très fière, et les professeurs____poussent, après ce succès, à prèparer le concours d'entrée au Conservatoire de Paris,____a lieu en octobre. Cela va____faire du travail, mais c'est formidable pour____. Quant au reste de la famille, tout va bien; Claude____prépare à reprendre la route de Dijon à partir de Paris, pour faire un stage d'un mois dans une usine alimentaire. L'an prochain, il entrera en deuxième année. Je dois____'annoncer, chose____ne t'étonnera pas outre mesure, que nous allons sans doute fêter ses fiançailles avec Hélène au mois d'août à Sartoul, ou Courton plutôt. Tu vois, c'était sérieux et nous sommes tous ravis! A propos, Sylvette habite maintenant Meudon. Son mari____est ingénieur est à son travail du matin au soir, elle ne sort pas beaucoup et s'occupe de son installation et de sa cuisine,____ ____pour le moment,____'amuse énormément! Alors n'hésite surtout pas à aller____voir quand tu seras à Paris . . .

9   Avoir

Using avoir

One of the most useful verbs — you will find it
not only with certain idiomatic expressions, but
also with various tenses of hundreds of different
verbs, so it is worth knowing!

Avoir expressions

A   A number of expressions use the verb *avoir*
in French where we might say it in a completely
different way in English. Referring to the list
opposite, complete the speech bubbles and/or
write captions for these cartoons. Then write the
meaning in English.

3

4

1

2

5

avoir faim — to be hungry
" soif — to be thirsty
" chaud — to be hot
" froid — to be cold
" raison — to be right
" tort — to be wrong (in the **moral** sense)
" mal à — to ache, have a pain (au cœur — to feel sick)
" peur — to be afraid
" besoin de — to need
" l'air — to look, appear
" envie de — to feel like, to want to
" lieu — to take place
" sommeil — to feel sleepy
" x ans — to be x years old
" de la chance — to be lucky
" honte — to be embarrassed (ashamed)

B Complete the speech bubbles and give captions, then write the meaning in English.

1

2

3

4

5

6

7

8

9

10

Avoir — interrogative, negative

C Can you use avoir? (See interrogative page 3 and negative page 15 before doing this section.)

Examples:

a-t-il peur? . . . is he afraid?
(*est-ce qu'il a peur?*)
Non, il n'a pas peur. = No he isn't afraid.
Il y a . . . y a-t-il? = There is/are; Is/are there?
. . .

Can you complete each snippet of conversation?

1

. . .?

Oui, nous avons le menu.

2

Alors, . . .

Non, il n'y a pas de téléphone.

3

. . .?

Oui, elle a de la fièvre!

4

Y a-t-il un camping dans cette ville?

Non, . . .

5

Bonjour mesdemoiselles, vous êtes anglaises? vous avez besoin d'un guide?

Non, merci . . .

Avoir with the perfect tense

The verb *avoir* is used to form the perfect tense. The word 'perfect' comes from 'perficio' in Latin, the language of the ancient Romans. It means 'I finish, I complete'. *Perfectus* meant **completed**. The perfect tense describes **completed** actions. In French this tense is called *le passé composé*. This is because it is **composed** of two bits: the auxiliary verb + the past participle (*avoir* in this case)   (*mangé*   manger — mang**é**
                                      + (*fini*   finir — fin**i**
                                      (*rendu*   rendre — rend**u**

There are a number of irregular verb past participles. (see pages 60-118 for work on past participles)
Here are examples of how to use the passé composé with *avoir* and regular verbs:

Nous avons mangé.
We have eaten.
Il *n'a pas* fini.
He hasn't (has not) finished.
A-t-elle rendu le livre?
Has she returned the book?

58

D In the following sequences, there is a picture with a caption. The infinitive of the verb is given in brackets. Can you (a) write a caption to go with the second picture and (b) Go back and invent a question in the passé composé to go with the sequence.

Example
   Il finit son devoir. (finir)
   Oui, il a fini son devoir.
   A-t-il fini son devoir?

1   Elle rend le livre. (rendre)   Oui, elle . . .

2   Nous achetons des yaourts.   Oui, nous . . .
    (acheter)

3   Ils vendent la maison. (vendre)   Non, . . .

4   Elles choisissent des cartes   Oui, . . .
    postales. (choisir)

5   Il mange un gâteau. (manger)   Oui, il . . .

10 Être

How être is used

This is a verb that is used in nearly every sentence we speak. We use it in countless ways, including forming tenses of different verbs.

Points to note

1 If you use adjectives they must agree with the noun they describe.
2 Expressions of time: Il est six heures. (time)
3 Talking about jobs: *Il est* professeur/*c'est un professeur.*
4 C'est *à moi.* **It belongs** to me.
5 Il est facile de, difficile de, possible de, etc., + infinitive of a verb, when you are introducing a new topic. 'Il est défendu de fumer dans ce compartiment.' As soon as you know the topic, or are talking about a known topic, you use *c'est* — c'est défendu! (that is, smoking in this compartment!)

Être with the past participle used as an adjective

Very often the past participle of a verb is used as an adjective, e.g., *c'est permis* = it is allowed, from permettre — to allow.

A Can you make similar sentences to the example above using the past participles of the following verbs, e.g., défendre — c'est défendu — it's forbidden. Write down the meaning in English.

1	finir	6	comprendre
2	ouvrir	7	promettre
3	payer	8	entendre
4	perdre	9	casser
5	faire	10	occuper

If the past participle is used in this way it has to agree, e.g., La robe est déchir*ée* = the dress is torn.

B Can you write captions for these cartoons using the verb given in brackets to form an adjective, e.g., déchirer — déchirée. Some vocabulary is given at the end to help you.

1 (casser)

Elle . . .

2 (perdre)

Nous sommes . . .

3 (remplir)

4 (brûler)

5 (trouer)

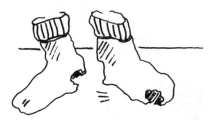

6 (réparer)

7 (cacher)

8 (fermer)

9 (ouvrir)

10 (renverser)

Vocabulaire	
la raquette	the racket
la gourde	the flask
la chaussette	the sock
la fenêtre	the window
les frites	the chips
la bicyclette	the bicycle
l'eau (f)	the water

Être with the perfect tense

If a past participle is used as an adjective then it agrees (see previous section). If one remembers this, then it becomes a little easier to see why certain verbs, when used with être in the passé composé, must have their past participles agree just like an adjective. Here is a list of those verbs which have *être* (and **not** avoir) as their auxiliary in the passé composé:

aller (allé)	venir (venu)
monter (monté)	descendre (descendu)
entrer (entré)	sortir (sorti)
arriver (arrivé)	partir (parti)
naître (né)	mourir (mort)
rester (resté)	retourner (retourné)
devenir (devenu)	rentrer (rentré)
passer (passé)	tomber (tombé)

And, of course, words like *re*monter, *re*descendre, *re*devenir, *re*ssortir, *re*partir, e.g.,

Elle est arrivée = She has arrived.

All reflexive verbs take être in the passé composé. (See page 66.)
It is probably best to learn these by heart in pairs of opposites . . . plus a few odd ones!

C Copy and complete the following:

1 D'habitude le train arrive à l'heure, mais aujourd'hui . . . avec deux heures de retard.

2 Généralement elle entre par la porte, mais ce matin . . .

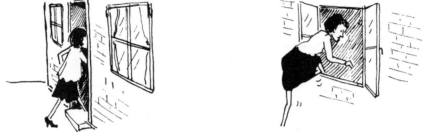

3 Ils viennent toujours en voiture . . . mais ce weekend . . . en autobus.

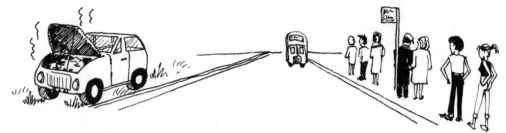

4 Le Général de Gaulle est né en 1890 et . . . en 1970. Catherine Lemaître . . .

5 Généralement la famille part en vacances en avion. Cette année la famille . . . en bateau.

6 Généralement il n'y a pas d'incident extraordinaire. Cette fois Gigi . . . à l'eau.

7 Généralement ils descendent dans un hôtel chic. Cet été . . . dans un camping. (rester)

8 Généralement ils vont dans les Alpes pour faire du ski.
   Cet été ils . . . dans les Alpes pour faire des randonnées pédestres.

9 D'habitude ils montent et descendent en télésiège. Cette année ils . . . à pied.

10 Généralement la famille sort le soir. Cette année . . .

When you have checked how to form the perfect tense (passé composé) using *avoir* or *être* as an auxiliary (see pages 58, 61) you can move on.

11 Avoir/être and the perfect tense

Irregular avoir verbs

A Spot Check — irregular verbs in the passé composé. How well do you know your irregular past participles? In the following sentences, can you write the sentence in the perfect tense using the verb in brackets, e.g., Vous (manger) des huîtres?

Vous avez mangé des huîtres?

1   Vous (faire) des achats?
2   Il (dire) au revoir.
3   Elles (voir) ce film.
4   Paul et son amie (croire) entendre un cri perçant.
5   Les Anglais (pouvoir) se rendre à la Maison des Jeunes.
6   On (vouloir) faire le tour de la ville.
7   Le voisin (devoir) nous voir.
8   Tu (prendre) la lampe.
9   Est-ce que vous (mettre) les provisions dans le coffre?
10   Oui, je (comprendre).
11   Il (être) fâché.
12   Nous (avoir) peur!
13   Elle (courir) à la pharmacie.
14   Je (savoir) me défendre.
15   Mon correspondant (recevoir) ma lettre.
16   L'homme (reconnaître) l'employé.
17   Il (faut) partir immédiatement.
19   Je (écrire) une longue lettre à mes parents.
20   On (faire) une erreur.

Avoir or être?

B Complete with *j'ai* or *je suis*.

1   _____changé de l'argent.
2   _____tombé.
3   _____acheté un aller-retour.
4   _____décidé d'aller à la surprise-partie.
5   _____appelé le garçon.
6   _____rentré à l'hôtel à midi.
7   _____payé les livres.
8   _____entré dans le syndicat d'initiative.
9   _____resté jusqu'à une heure du matin.
10   _____sorti du café tout de suite.

C Some verbs can be used with avoir or être. What do these mean in English, and why do they take avoir in some cases although they normally take être? (The answer is below.)

1   Il a passé le sel à Michel.
2   Elle est passée chez ses grands-parents.
3   Papa est rentré à 6h.30.
4   Maman a rentré la voiture dans le garage.
5   Paulette est sortie.
6   Le policier a sorti un revolver de sa poche.
7   Le concierge a monté les valises des touristes.
8   Le touriste est monté en ascenseur.
9   Ils ont descendu les bagages.
10   Je suis descendu.

Answer: The verbs passer, monter, sortir and descendre can be used with a direct object to mean: to take something out, to bring something down, to put something up, to take something up, to bring the car in (rentrer) and to pass something to someone. In these cases the verbs take *avoir*. If they are used without a direct object then these verbs take *être*: Il est rentré.

Practice using the negative and interrogative in:
- **perfect tense with être verbs**
- **perfect tense of reflexive (and other) verbs**

How to say no; and how to ask questions in the past when using être verbs. (See page 15 negative, page 3, 58–60 interrogative, and page 66 reflexive verbs in the passé composé.)

D Can you complete the answers using the verb given in brackets, and use the same verb to make up a question to go with each answer, e.g.,

Now can you invent the question **and** write the answer using the verb given in brackets? Although in conversation one very often does **not** invert the verb (e.g., il est mort?), can you invert each verb in this exercise? Don't forget that *si* is used to contradict a statement in the negative, e.g., 'Tu n'aimes pas le chocolat?' (N'aimes-tu pas le chocolat?) 'Si, je l'aime beaucoup.'

. . .?

Elle est (passer) ce matin.

Answer: Quand est-elle passée?
Elle est passée ce matin.

1 . . .? Elle est (monter) à six heures.

2 . . .? On est (descendre) à Avignon.

3 . . .? Non, on est (arriver) trop tard.

4 . . .? Oui, je regrette, elles sont déjà (partir).

5 . . .? Je suis (rester) pour voir Monsieur Pécoud.

6 (passer) Le facteur, . . .? Non, il . . .

7 (venir) Suzanne et Anne, . . .? Non, elles . .

8 (partir) Le directeur, . . .? Non, le directeur . . .

9 (sortir) Brigitte . . .? Si, . . . avec Michel.

10 (aller) . . . au rallye? Si, si, nous . . . au rallye.

E   A French pupil is entertaining his English-speaking penfriend on an exchange. This is what he wrote in his diary to remind himself of the first day's programme. (He was very nervous about the whole thing!)

Can you write a full report using the perfect tense. Use either *je me suis* . . . **or** *il s'est* . . . + past participle **or**, where necessary, *nous nous sommes* . . . for the reflexives e.g.,

je *me* suis lavé . . . il *s'est* lavé . . . nous *nous* sommes lavés . . .

17 mai	Agenda	Jeudi
7h.	se réveiller	
7h.30	se lever	
8h.	toilette, s'habiller, descendre	
8h.15	petit déjeuner	
9h.	aller en ville	
10h.	acheter souvenirs, cartes postales, bureau de poste? visiter Monument aux Morts, le musée, le syndicat d'initiative	
12h.	sandwiches dans le parc	
1h.30/2h.	aller à la piscine	
4h.	rentrer à la maison, se reposer	
7h.	se mettre à table pour le dîner	
7h.50	cinéma, en voiture	
10h.15	se coucher	

Here is Madame Bréchet's programme for the same day. Can you write an account of what **she** did using the perfect tense. Use either *je me* . . . **or** *elle s'est* . . . for the verbs that are reflexive. Of course not all the verbs are reflexive!

17 mai	Agenda	Jeudi
6h.30	se réveiller, s'habiller,	
7h.30	lever les enfants préparer le petit déjeuner	
8h.	préparer les sandwiches pour les enfants	
9h.	les enfants — se mettre en route pour la ville (visite en groupe) faire le ménage — puis supermarché lait, œufs, beurre, bœuf 3 kgs.	
12h.30	rendez-vous Pierre restaurant "Chez Favi" — (ne pas oublier cadeau anniversaire de mariage!!!!)	
2h.30	chez la coiffeuse — shampooing/mise en plis. Rentrer avec Madame Laurent	

5h.	préparer dîner
7h.50	emmener enfants au cinéma, se reposer
8h.30	chez les voisins — (apéritif)
10h.	aller chercher enfants — se coucher!!

How to say no; and how to ask questions.

F   Using the following examples as models, can you complete the dialogues below:

Annie, *s'est-elle trompée?*

Non, elle *ne s'est pas trompée.*

Les parents, *ne se sont-ils pas inquiétés?*

Si, ils *se sont inquiétés.*

Vocabulary
se tromper   to make a mistake
s'inquiéter   to be anxious

1

. . . à la réunion?

Non, nous ne nous sommes pas ennuyés.

2

. . .?

Oui, le terroriste s'est sauvé.

66

G The perfect tense of reflexive verbs. In the following short conversations, can you complete the verbs in brackets making sure that the participle is spelled correctly, and then fill in the answer.

4

Ne se sont-elles pas (fâcher)?

Si, . . .

5

Vous êtes-vous (absenter) hier?

Mais non,

Fill in the questions **and** the answers in the following short dialogues. Ask the questions by inverting the verb in at least three questions. (It's good practice!) The verb to be used is given in brackets.

6

(se débarrasser de) . . . ce Monsieur Picot? Qu'il est pénible!

Ah non, malheureusement, je ne . . .

7

(se voir) ce matin?

Oui, elles . . .

8

(se renseigner) sur le gala?

Oui, chérie, je . . .

9

Pourquoi (se mettre) en colére, Hélène?

Eh bien, je . . . à cause de la machine à coudre qui (se casser)

10

(S'amuser) à la kermesse?

Oui, on . . .

H Here is the day's programme for 21 August at a holiday camp. Can you write ten short sentences about what you did using ten reflexive verbs. Some activities were done in a group, which will necessitate the use of *nous* or *on*. Some verbs have been given on the next page to help you.

PROGRAMME D'ACTIVITES MERCREDI 21 AOUT	
6h.30	se lever
6h.45 – 7h.45	toilette, etc., petit déjeuner
8h. – 10h.	promenades dans les Bois St. Jean. départ 8h.
10h. – 11h.30 12h. – 14.30	Source Masard. Baignades. Déjeuner à St. Jean. repos/sieste Retour à Montdauphin les Pins.
14h.30 – 18h.	Ateliers: peinture dessin poterie macramé théâtre
18h – 19h.30	Libre — courrier
19h.30	Dîner. Film: ''Les Dents de la Mer''
22h.30	Coucher

se lever: se laver: s'habiller: se promener: se baigner: se reposer: s'amuser à: se mettre à table: se coucher: se mettre en petits groupes: s'arrêter de: s'asseoir: se mettre en route: se remettre en route: s'inscrire à

I Answer all the questions in the negative, e.g., Non, je *n'*ai *pas* fini! The ne . . . pas (jamais, etc.) goes round the auxiliary of the verb except with personne when it goes after the past participle.

Je *n'*ai *pas* vu Paul. = I haven't seen Paul.
Je *n'*ai vu *personne.* = I haven't seen anybody.

With ne . . . que, the *que* goes in front of the word you are emphasizing:

Il n'a mangé que trois cerises.
He ate only three cherries.

(See also negatives page 15.)

1 Tu as mangé les gaufres? Non, je . . .
2 Est-ce que vous vous êtes lavé les cheveux? Non, . . .
3 Tu as mangé toutes les pêches? Non, . . . (only 5)
4 S'est-elle levée à cinq heures tous les matins? Non, . . .
5 Qui a pris mes lunettes? (no-one) . . .
6 Tu as vu quelqu'un dans la cave? Non, . . .
7 Avons-nous déjà acheté des petits pois? Non, . . .
8 Avez-vous déjà vu un volcan? Non, je (on, nous) . . .
9 Quelqu'un a vu mes ciseaux? Non, . . .
10 Est-ce qu'il a parlé à Michel encore une fois?

J Make up questions using the perfect tense to fit the answers given.

Agreement or non-agreement with reflexive verbs in the perfect tense

(See page 47 on pronouns.)
If you say: 'nous nous lavons', the *nous* means **ourselves** — we wash (ourselves), we get washed.
If you say: 'nous nous parlons' the *nous* means **to** each other/one another — we speak **to each other**.
So me, te, se, nous, vous can mean two different things when used with a verb. If they mean '**to** me, **to** you, **to** us', etc., then they are **indirect object pronouns** and the past participle does **not** agree in the perfect tense.

> Ils se sont parlé_____. (no agreement)
> They spoke to each other.

If they mean 'myself, yourself, himself, herself, ourselves, etc.' then the past participle agrees:

Ils se sont aim*és*. = They loved each other.
Elles se sont vu*es*. = They saw each other.

Furthermore, if there is a direct object in the sentence, then the past participle does not agree:

> Elle s'est lavé*e*.
> **But**: Elle s'est lavé *les cheveux*.

K Can you work out if these past participles agree or not? What do the sentences mean?

1 Nous nous sommes écrit_____.
2 Elles se sont habillé_____.
3 Elle s'est peigné_____.
4 Ils se sont coupé_____les cheveux.
5 Ils se sont regardé_____.
6 Les diplomates se sont parlé_____ce matin.
7 Elle s'est cassé_____la jambe.
8 Elle s'est habillé_____en noir.
9 Elle s'est lavé_____la tête.
10 Ils se sont brossé_____les dents.

L
1 Il s'est coupé_____la main.
2 Elle s'est cassé_____le dos en faisant du ski.
3 Madame Dubret s'est acheté_____une robe.
4 Ils se sont couvert_____.
5 Les terroristes se sont couvert_____le visage.

6 Elles se sont assis_____sur le banc.

7 Les étudiants se sont ennuyé_____.
8 Nous nous sommes souvent téléphoné_____.
9 Nous nous sommes rencontré_____au cinéma.
10 Elle s'est tordu_____la cheville.

Agreement with the preceding direct object (perfect tense and other compound tenses with avoir)

(See also page 35 in the Pronoun section and page 45 in the Relative Pronoun section.) The passé composé (perfect tense) is called a compound tense because it is made up of two bits, the auxiliary and the past participle. In a compound tense with the verb *avoir* there is usually no agreement of the past participle **except . . .**

In these examples, the direct object comes before the verb in the passé composé, and the past participle is treated just like an adjective: it agrees with the preceding direct object:

je *les* ai mang*és*: *quelle photo* as-tu vu*e*?:
c'est la *fille* que nous avons rencontr*ée* hier.

In a written passage this shows you exactly what the verb is referring to. It is a complicated piece of grammar which even French children have to learn and practise at school! It is not so crucial in spoken French!

M Can you answer the following questions in complete sentences using the information given in brackets. There will be a preceding direct object in each answer, e.g.,

Quelle histoire? (raconter: hier)
Answer: *L'histoire* qu'il a racont*ée* hier.
Or, if you can remember how to use it:

Celle qu'il a racont*ée* hier. (See pages 6, 47, 54.)

You will soon get to recognise the sort of sentence which is likely to involve you in matching your past participle with the direct object.

1 Quelles cartes postales? (acheter: ce matin)
2 Quelle fiche? (remplir: à la réception)
3 Quel plan? (trouver: dans la rue)
4 Quelle casserole? (acheter: au supermarché)
5 Quel portefeuille? (voir: sur la table)
6 Quels garçons? (rencontrer: samedi à la surprise-partie.)
7 Quelle conversation? (entendre: à la boulangerie)
8 Dans quelle valise? (mettre: dans le coffre)
9 Dans quel journal? (prendre: dans le bureau)
10 Quel pantalon? (laver: hier)

N Can you answer the following questions using a full sentence. Again you will soon learn to recognise the sort of sentence that will require you to think hard about agreeing past participles! e.g.,

Où sont mes lunettes . . . je *les* ai mise*s* dans l'étui.

If you like you can invent your own answer, or you can use the vocabulary provided.

1 Où est mon carnet? (voir: dans la cuisine)
2 Où est ma raquette? (poser: sur la table)
3 Où sont mes photos? (mettre: dans ton sac)
5 Qu'as-tu fait de mes papiers? (ranger: dans le salon)
6 Qu'est-ce que vous avez fait des assiettes? (laver)
7 Qui a pris mon transistor? (C'est Pauline qui . . .)
8 Où sont les bouteilles de citronnade? (oublier)
9 Qu'est-ce que tu as fait de mon appareil? (casser)
10 Où sont les chocolats? (manger)

O Do these participles need altering to match their direct objects? There may not be a preceding direct object in every sentence.

1 Donne-moi le livre qu'il a recommandé____.
2 Cette photo, ce n'est pas moi qui l'ai pris____.
3 La vaisselle? Mais on l'a déjà fait____.
4 Je cherche ceux qu'on a préparé____ce matin.

5 Tu connais la fille qui a chanté____hier soir au concert?
6 Non, mais je connais celle qu'on a vu____au guichet.
7 Ceux qui ont réservé____des places sont priés d'aller chercher leurs billets au bureau.
8 Où sont les dépliants qu'on nous a donné____au Bureau de Tourisme?
9 Les animaux, je les ai toujours aimé____.
10 On ne me l'a pas encore envoyé____cette carte de séjour!

The same rule applies to other compound tenses conjugated with the verb *avoir*.

P
1 Elle a dit qu'elle les avait rencontré____au marché, ces Anglais!
2 Son autre parapluie, elle l'avait laissé____dans le bus.

3 Les clefs? On les avait perdu____sans doute.
4 J'espère qu'il les aura fini____la semaine prochaine, ces portraits!
5 Ce sont les roses rouges qu'elle aurait préféré____, mais tant pis!

There can be other pronouns in the same sentence, so do not get confused. Also, remember *nous*, *me*, *te* and *vous* can be **direct** or **indirect** pronouns. Which of the following past participles need altering?

6 Paul nous a appelé____.
7 L'hôtesse de l'air me les a offert____ces trois serviettes.
8 Vous croyez qu'il nous a vu____?
9 Qui vous a donné____ces chocolats, mes enfants.
10 Jacqueline, c'est Paul qui te les avait envoyé____, non?

See pronoun section for extra work on this topic, pages 36, 45.

Extra

The passive and 'on'

It is advisable to do page 60 first, and to refer to page 73 afterwards.)

On is used a great deal — far more so than most text books suggest. It is used to mean 'we' when you are including everyone in a group.

On is also used for general statements, e.g.,

'On parle français à Montréal.'

Finally, it is used as an alternative to the passive: 'On a arrêté les terroristes.' means: 'Les terroristes ont été arrêtés.' = The terrorists have been arrested.

Q Turn the following statements round using 'on', e.g.,

Le bracelet a été perdu.
On a perdu le bracelet.
The bracelet has been lost.

1 Un prix de 500 francs est offert au gagnant.
2 Des excursions sont organisées tous les jours.
3 Toute circulation sera arrêtée Rue Descartes vendredi entre 12 et 14 heures.
4 Cette tente a été vendue.
5 Son argent a été volé.

What would these sentences mean in English?

6 On nous a conseillé d'ajourner notre voyage.
7 On nous dit que le Tour de France va passer par cette ville.
8 On lui portera secours.
9 On avait promis aux employés un jour de congé.
10 On m'a dit qu'il est gravement malade.

R How would you express the following. Try them out first on your own using *on* or the passive. For those of you who feel in need of some clues, the French sentences are given below jumbled up.

1 A camera has been found.
2 The tickets have been lost!
3 A coach has been hired.
4 The car is being repaired.
5 Our rooms are being cleaned.
6 My wallet has been taken.
7 A table has been reserved.
8 The meal is being prepared.
9 I'm being followed.
10 The drinks have been paid for.

In guide books, newspapers, magazines and journalism in general, the passive is frequently used. Can you make the following sentences passive? E.g.,

On construit l'hôtel . . . = the hotel is being built
l'hôtel *est construit* = the hotel is built
La police recherche un homme . . .
Un homme *est recherché par* la police . . .

S

1 On a trouvé un carnet de chèques et des papiers près du taxi.
2 On a commis un vol à la gare routière de Lodève.
3 Le Comité des Fêtes organisera un bal gratuit sur la place.
4 On invite toute la population à la célébration de la fête nationale.
5 On effectuera le ramassage des ordures ménagères le 15 et le 16 juillet.
6 On a perdu le match!
7 Vendredi les douaniers français ont saisi plus de 13 tonnes de cannabis et 3 kilos et demi de cocaine.

Answers to Exercise R.
Les billets ont été perdus/on a perdu les billets: On a loué un car: On a payé les boissons: Un appareil a été trouvé/on a trouvé un appareil: Une table a été réservée/on a réservé une table: On prépare le repas: On a pris mon portefeuille: On nettoie nos chambres: On me suit: On répare la voiture.

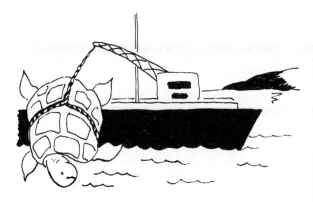

8 On a ramené une énorme tortue de 500 kilos dans les filets d'un bateau de pêche de Port-Vendres (Pyrénées-Orientales).

9 Les enquêteurs prépareront un dossier sur l'incident.

10 Un employé avait découvert le corps de son patron vers huit heures du matin.

Using the perfect tense

This is what Monsieur Bertin had to say about an incident which occurred in his shop on the night of August 12:

'J'étais au lit dans mon appartement situé au-dessus de mon magasin quand un bruit me réveille. Je me lève, et j'entends quelqu'un dans la cour donnant sur l'arrière-boutique. Je regarde par la fenêtre, et j'aperçois un groupe de jeunes gens devant mon magasin de cycles. A ce moment l'un d'eux lance une pierre dans la devanture. Je prends mon fusil de chasse, par précaution, et je descends. Quand j'arrive dans le magasin je vois deux ou trois adolescents en train de voler deux bicyclettes. Je tire un coup de fusil pour faire peur aux intrus, puis je me précipite devant le magasin. Les adolescents montent dans une voiture qui démarre aussitôt. Je tire sur la voiture, puis je rentre et je téléphone à la police. C'est à cet instant que je me rends compte qu'un des jeunes gens est tué . . .'

DECLARATION ECRITE DE MONSIEUR DOMINIQUE BERTIN

La nuit du 12 au 13 août, vers 1h du matin, je dormais dans mon appartement situé au-dessus de mon magasin de cycles quand soudain ...

Continue Monsieur Bertin's statement using, of course, the passé composé.

A report of the incident appeared in 'Midi-Libre' on Wednesday July 14, 1982. It is reproduced here without the perfect tense verbs. Can you fill them in. Remember journalists use **the passive** much more than one would in conversation. To help you, the verbs are listed below.

Autodéfense à Rouen

UN COMMERÇANT TUE SON VOLEUR

Un jeune homme, âgé de dix-sept ans, _____et deux autres adolescents_____par un commerçant, dans la nuit de lundi à mardi à Oissel, dans la banlieue de Rouen, au moment où ils tentaient de dévaliser un magasin.

Un groupe de jeunes gens, dont les enquêteurs ignorent encore le nombre exact,_____en voiture devant un magasin de cycles. Vers lh, une pierre_____dans la devanture tandis qu'un adolescent se rendait dans une petite cour intérieure donnant sur l'arrière boutique.

C'est à ce moment que, réveillé par le bruit, M. Dominique Bertin, vingt-deux ans,_____un coup de fusil de chasse, tuant l'adolescent sur le coup.

Le commerçant_____ensuite devant le magasin et_____feu une seconde fois sur la voiture qui démarrait en trombe. Deux jeunes gens_____à l'omoplate et_____à l'hôpital par le conducteur de la voiture, laquelle, mardi matin, n'_____pas encore . . .

M. Bertin_____(alors) la police. Il_____ en garde à vue.

Midi-Libre

Verbs to insert:
1 être (tuer)
2 être (blesser)
3 se rendre
4 être (lancer)
5 tirer
6 se rendre
7 faire feu
8 être (atteindre)
9 être (conduire)
10 être (retrouver)
11 alerter
12 être (placer)

When the verb is in the passive, *être* + the infinitive of the verb has been given, so you have to work out how to write it yourself!

12 Vital verbs

The **vital verbs** are ones that are in use continually. We use them either alone or with other verbs virtually every time we say anything!
The vital verbs are:

aller — to go
vouloir — to want to
devoir — to have to, must
pouvoir — to be able to, can
faire — to do or make
il faut — to have to

A useful hint to remember

When two different verbs are used together, the second verb is in **the infinitive**, e.g., je vais *manger* = I'm going to eat. So the vital verbs will be followed by the infinitive of the second verb.

Faire

A Quel temps fait-il?

1

2

3

4

5

Quiz: How do you fare with 'faire'?

The following all involve the use of *Faire* . . . but how would you say it in English? When you have gone through these sentences, you will see how useful and common *faire* is. Can you think of an English verb which we use a lot in a similar way? The answer is given at the end of this section.

B

1. Madame Lemoine fait des achats.
2. Nous faisons les magasins.
3. Le professeur a fait semblant de ne pas nous voir.
4. Les garçons ont fait dix kilomètres à pied.

5. La famille fait une promenade.
6. Elle fait une promenade à cheval.
7. Ce poulet fait deux kilos, madame.
8. Combien cela fait-il?
9. Ça fait 25 francs, s'il vous plaît.
10. Cet homme fait deux mètres!

C

1. Qu'est-ce que ça fait?
2. Maman fait les lits.
3. Papa fait le ménage.
4. Qu'est-ce que cela vous fait?
5. Le soir du départ, il fait ses valises.

6. Ça ne fait rien!
7. Qu'as-tu fait de mes lunettes, chérie?
8. Je vais faire un chèque de 500 francs.
9. Combien de litres? . . . Oh, faites le plein, s'il vous plaît.
10. Les vaches font 'meuh'.

D

1. Qu'est-ce qu'il y a à faire avant la surprise-partie?
2. Il fait de la bicyclette.
3. Mange tes légumes, ça te fait du bien!
4. Mon dieu! . . . Que faire?
5. Elle a fait une grimace de douleur.
6. Jean fait toujours l'imbécile quand les parents sont là!
7. Ne t'en fais pas, chérie! (Ne vous en faites pas!)
8. Comment se fait-il que vous avez raté le train?
9. Cette robe fait très jeune!
10. C'est bon marché, la cuisine est bonne . . . cela fait que nous retournons toujours à cet hôtel.

E

1. Il n'y a rien à faire ici.
2. C'est une statue faite en marbre.
3. Paris ne s'est pas fait en un jour.
4. Je préfère des vêtements tout faits.
5. 'Hubert a dû payer une amende pour excès de vitesse!' . . . 'C'est bien fait pour lui!'
6. Voilà qui est fait!
7. Ta tante ne fait pas ses 50 ans!
8. Cette enfant ne fait que lire toute la journée!
9. Je ne fais que regarder . . .
10. Il faut faire la queue!

F

1. Je n'aime pas faire la vaisselle.
2. Je vais faire un séjour en Egypte.
3. Nous faisons toujours du camping.
4. Nous avons fait une excursion hier.
5. Il aime faire la cuisine.
6. Faites comme chez vous.
7. Cela ne se fait pas! Quelles manières!
8. Il fait ses études à Bordeaux.
9. Il se fait tard.
10. Ça me fait peur.

Answer to question on faire: We use the word 'get', an awful lot in different contexts, and this must present problems to people learning English!

75

Faire faire

Look at these two sentences: *Nous avons hésité* avant d'entrer dans le restaurant.
Le bruit infernal nous a *fait hésiter* avant d'entrer dans le restaurant.

In the second sentence the terrible din **makes us** hesitate at the door: the verb that follows *faire* is in the infinitive. Quite a number of verbs can be used with faire when you want to explain what **caused** someone to do something.

You can use it to explain that you get someone else to do something:

Je lui ai fait répéter la question (the indirect object *lui* is used for the 'victim')
I made him repeat the question.

You can also use it when you have something done — having your hair cut, having your bike mended:

J'ai fait réparer mon vélo.
Je me suis fait couper les cheveux.

You can even use faire faire! E.g., 'Je ne fais jamais la lessive: je la fais faire à la laverie.'

G Using the verbs given, complete these sentences and then say what they mean.

faire rire
faire pleurer
faire rougir
faire croire
faire sécher
faire trembler
faire courir
faire changer d'avis — to make someone change
                      his mind
faire cuire — to cook
faire réfléchir

1 Ce film triste m'_____.
2 Ce prof raconte des histoires amusantes pour nous_____.
3 Pour le dîner le traiteur_____un rôti, du saumon et deux desserts.
4 Ses compliments me_____.
5 Sa lettre me_____qu'il va venir chez nous en été.
6 Cet article dans le journal_____.
7 Le soleil_____les maillots de bain.

8 Un cri terrible nous_____.
9 Un chien féroce a_____les garçons.
10 Nous n'allons pas faire une promende. Le mauvais temps nous_____.

H What do these mean in English?

1 Le directeur m'a fait entrer dans son bureau.
2 Le médecin nous a fait asseoir.
3 Monsieur Tardieu fait toujours attendre les autres.
4 Il faut faire venir le mécanicien!
5 Oh, mon dieu! j'ai fait tomber les œufs!

Extra
I How would you say:

1 I'm going to have my hair cut.
2 She is going to have a dress made.
3 He is having his suit cleaned.
4 They must have the camera mended.
5 It's difficult to make one self heard in this discothèque!

se faire couper   faire nettoyer
se faire faire   se faire entendre
faire réparer

Aller and the infinitive (the immediate future)

Aller (to go) can be used with another verb to describe what you are going to do. Sometimes people call this the immediate future, e.g., Je vais danser. It can be used in the imperfect tense to describe what you **were going to do**.

J Qu'est-ce que nous allons faire?

1 Moi, . . .

2 Les copains . . .

3 Les jeunes filles . . .

4 La famille Guichard . . .

5 Monsieur Meffre . . .

6 Anne et moi . . .

7 Toi, . . .

8 Toi, Martine et tes parents . . .

9 Et Paul, que . . .?

10 Et les touristes, que . . . (qu'est-ce que)?

77

K Quand le professeur est arrivé dans la salle de classe . . .

1 Paul (was going to draw) une caricature du prof au tableau.
2 Jacques et François (were going to eat) leurs sandwiches.
3 Toi (you were going to put) la corbeille au-dessus de la porte de la salle de classe.
4 Anne et moi (were going to listen to) des disques.
5 Les autres (were going to play) au football!

L first revise page 0 — the Imperative
Using aller:

1 Tell a close friend to **go and fetch** some water.
2 Suggest to a group of friends that you (all) **go and see** this film.
3 Tell some friends to **go and take** their tickets.
4 Suggest that you and your friends **go and do** the washing up.
5 Tell someone — either a friend or your penfriend's mother — **to go and rest**.

Il faut — il ne faut pas (falloir)

(See also page 26 pronouns for *il me faut*)

M *Il faut* implies necessity. Circumstances **force** you to do something, (*il faut* partir); or one **must or must not** do something, (il *ne faut pas fumer* quand on fait le plein).
Complete the sentences opposite with *il faut* or *il ne faut pas*, as appropriate.

On part en vacances . . .

BONNES VACANCES!

1 . . . faire le plein d'essence. 2 . . . oublier les passeports! 3 . . . partir sans prévenir les voisins. 4 . . . fermer toutes les fenêtres et les portes de la maison. 5 . . . contracter une assurance contre tous les risques. 6 . . . faire de la vitesse quand il pleut. 7 . . . changer de l'argent ou prendre des chèques de voyage 8 . . . continuer à conduire quand on est très fatigué. 9 . . . boire de l'alcool avant de conduire. 10 . . . porter la ceinture de sécurité sur route et en ville en France (en agglomération).

Devoir

N Complete with the correct form of the present tense, and then write down the meaning (I must, I have to, I am to, I've got to . . .).

1 Je____rentrer avant six heures.
2 Vous____aimer le vin français?
3 ____ — ____accepter?
4 Il____aller chez sa tante ce soir.
5 Le médecin____venir me voir cet après-midi.
6 Il a une Porsche. Il____être riche.
7 Vous ne____pas vous arrêter ici.
8 Tu____avoir faim.
9 Nous ne____pas faire de bruit.
10 Ils ne____pas aimer leur prof . . . il est très strict.

Pouvoir, savoir, vouloir, devoir

O Complete using *pouvoir* (I can, am able to); *savoir* (I know how to, I can); *vouloir* (I want to); *devoir* (I must, have to etc.), using the present tense.

1 Georges ne____pas écrire, mais il____jouer du violon.
2 Madame Marres ne____pas lire sans ses lunettes.
3 Il a le bras cassé, alors il ne____pas écrire.
4 Michel ne____pas nager samedi.
5 Pauline____nager mais ne____pas plonger.
6 Je____réussir. (There are at least three different answers for this one.)
7 Il____bien vous aider à faire la vaisselle.
8 ____-vous vous asseoir, madame?
9 Voulez-vous aller en ville? Je____bien.
10 Chaque matin je____me lever à six heures moins le quart.

P What do the sentences you have just completed in Exercise O mean? Are there any cases, apart from no. 6, where there are alternatives, and if so, how does this affect the meaning? It is easy to see why such verbs are **vital**!

Q Can you complete this extract from a brochure about Montpellier by filling in the spaces using vouloir, pouvoir, devoir, or falloir (il faut) in the present tense? Are there any instances where you can use an alternative? If so, does this alter the meaning?

A LA DECOUVERTE DE MONTPELLIER A PIED ET AVEC ''LE GUILHEM'' LE BUS GRATUIT DU CENTRE-VILLE.

Tous les jours du 5 juillet au 11 septembre, selon l'horaire ci-joint, vous____découvrir les demeures de l'Ancien Régime en pénétrant dans les cours d'hôtels particuliers construits entre le XIVe et le XVIIe siècle. Ces visites s'adressent à nos visiteurs étrangers qui____d'ailleurs utiliser la liaison directe par autobus de Palavas-Montpellier. Mais combien de Montpellierains connaissent leur propre patrimoine? Ils____eux aussi participer aux deux circuits:

Départ: Bureau Municipal de Tourisme
              Théâtre
              Place de la Comédie Tél: 60.76.90

Vous____absolument profiter des visites-conférences organisées par le Bureau de Tourisme! Avec ''Le Guilhem'', le nouveau bus gratuit du Centre-Ville on ne____rien payer. Vous____aller jusqu'à la Cathédrale St Pierre et la Faculté de Médecine. Si vous____des renseignements sur ce qu'on____voir à Montpellier vous____consulter les brochures qu'on____vous donner au Bureau Municipal de Tourisme.

Si vous____voyager plus loin vous____consulter l'horaire. (Il y a une douzaine d'autres lignes.) Mais attention! avec les autres lignes____acheter un ticket à 4 francs (ça revient moins cher avec un carnet). L'autobus____s'arrêter aux arrêts obligatoires, mais il ne s'arrêtera aux arrêts facultatifs que si quelqu'un____monter ou descendre. Quand vous____monter à un arrêt facultatif vous____faire signe au conducteur. ____oblitérer le ticket en montant dans le bus. Si vous____descendre____appuyer sur le bouton.

Société Montpellieraine de Transports Urbains (S.M.T.U)

Vocabulary	
le patrimoine	the heritage
l'horaire	the timetable
l'arrêt facultatif	the request stop
oblitérer	to put your ticket through a little machine which 'stamps' it. Sometimes the words *composter* or *valider* are used.

R Can you complete this dialogue using the present tense of vouloir or pouvoir.

S Complete the following dialogue with either the present tense of *devoir* or *il faut*.

— J'en ai marre de conduire._____ _____être trois heures. Je vais m'arrêter.
— Oui, chéri, mais_____ _____faire attention! Les feux sont au rouge! Tu conduis toujours mal quand tu es fatigué!
— C'est normal. Je_____me reposer et manger._____ _____y avoir un petit restaurant par ici?
— Eh oui, ah, regarde, j'en vois un par là à gauche!
— Ah oui, et il y a juste une place pour garer la voiture devant ce magasin.
— Mais il y a une autre voiture qui arrive . . . _____ _____faire vite!
— Zut! il l'a prise. Par là c'est stationnement interdit et là-bas — zone bleu,_____ _____avoir un disque . . . oh zut! je tourne à droite . . .
— Ah non!_____ne_____pas tourner à droite!_____ _____aller tout droit! D'ailleurs il y a un panneau ''parking interdit''!
— M----! J'en ai par-dessus la tête!
— Eh bien chéri, si nous voulons garer la voiture_____ _____trouver un parking payant. Tu_____ être très fatigué et_____ne_____surtout pas conduire quand on est fatigué.

Christian _____-je vous voir ce soir, Véronique? Nous_____faire une partie de tennis avec ces deux Anglais. Ils sont charmants, et puis on_____parler anglais et se perfectionner.
Véronique Je ne_____pas parler anglais.
Christian On va parler français alors; eux ils savent parler français.
Véronique . . . non . . . d'ailleurs, avec cette jambe qui me fait mal, je ne_____pas jouer. Puis, regardez ces nuages, il_____pleuvoir.
Christian Alors,_____ _____aller au cinéma?
Véronique Je_____bien, mais . . .
Christian Vous ne_____pas? ou bien vous ne_____pas sortir ce soir?
Véronique C'est à dire que, avec ces Anglais, vous savez, non . . . mais si vous_____nous_____
*_____tous les deux . . . Tu_____bien?

*Can you invent an activity of your own at this point?

What does Véronique mean in her third speech? Véronique uses *tu* in her last sentence . . . what does that tell you about her?

Extra
T Devoir, all tenses.
The people in the group waiting at the station are anxious, annoyed and impatient. It is a quarter to three, and the people they are waiting for should have arrived at two in order to catch the train with them. First complete the speech bubbles using different tenses of *devoir* (the first has been done for you). Then find the English meanings. If you need some clues, the meanings are below, jumbled up!

C'est impossible. Ils ont dû avoir un accident!

1 Qu'est-ce que _____ _____faire?

2 Où sont les autres? Ils_____ _____être ici à 2 heures

3 Ils_____ _____ oublier!

4 Ils_____ _____aller à une autre gare! Ils attendent peut-être à la gare St. Lazare!

5 _____ _____téléphoner à leur foyer?

6 Non, c'est pas la peine. J'ai déjà téléphoné. Ils ne sont pas là. Ils_____ _____quitter le foyer.

7 Quant à nous, nous ne_____pas manquer ce train! On nous attend à Dijon!

8 Oui, en effet, les autres_____prendre le prochain train à 18h.20.

9 Ce n'est pas gentil . . . On_____les attendre. Il y a peut-être eu un accident.

10 Tu parles! Non et non! ils_____ _____faire un petit effort pour arriver à temps! Partons sans eux!

The first sentence given means: It's impossible! They must have had an accident!
Here are the other sentences (in random order): Should I phone their hostel? It's not nice, we ought to wait for them! They ought to have been here at 2 p.m. What are we to do? No, they must have left the hostel. We mustn't miss the train! They must have forgotten! No, they should have made an effort to arrive on time! They must have gone to another station! The others will just have to take the next train!

U Devoir — all tenses

What are these people saying? You can choose the beginning of each sentence from the list below.

Choose the sentences from:

I must have . . .   You ought to have . . .
Do I have to . . .?   You must be . . .
I'm supposed to . . .   She must be . . .
We ought to . . .   There must be . . .
We had to . . .   It must be . . .

4

Il doit y avoir une pharmacie tout près, je veux acheter du sparadrap.

5

Tu dois être très content de ton succès!

1

Dois-je demander la permission à mes parents?

2

Tiens — j'ai dû laisser mon carnet de chèques à l'hôtel!

6

Selon les Joubert, ce doit être un très bon restaurant!

3

Nous devrions voir ce film!

7

Sept heures . . . je vais téléphoner à Marie. Elle doit être rentrée maintenant!

8

> Tu aurais dû me le dire!

4 that you and your English friends **were supposed** to go on an excursion to Versailles yesterday;

9

> Nous avons dû prendre le train parce que l'auto était en panne!

5 but that they (*on*) had to cancel (*annuler*) the trip;
6 because the driver had been ill;
7 but the group will have to go on Friday;
8 that the coach is supposed to leave at 7 a.m.;
9 and that you must be ready by 6.30 a.m.;
10 Ask if one has to take a picnic lunch. (un sachet-repas)

Devoir, pouvoir, vouloir, falloir (Il faut) in the conditional tense (would like, could, would be able to, should, and ought . . .) *See also "would could should problems" page 108 and conditional tense pages 105, 106, 107 etc.

10

> Je dois finir le travail à sept heures, mais c'est rare. Je fais souvent des heures supplémentaires.

W Complete these sentences with the conditional tense of the verbs vouloir, devoir, pouvoir and il faut.

1 Christine et moi . . . faire de la planche à voile.
2 Avec ces œufs je . . . faire une omelette.
3 Pour arriver plus vite il . . . prendre l'autoroute.
4 Je n'aime pas écrire des lettres, mais je . . . écrire un mot à grand-mère pour la rassurer.
5 Les trois enfants . . . manger une glace.
6 Il est tard; nous . . . partir tout de suite.
7 Elle . . . acheter des sandales.
8 Il . . . manger ce dessert avec du cognac, mais il n'en reste plus.
9 J'ai une voiture, alors, moi, je . . . transporter tout cela pour vous.
10 Ils ne peuvent pas venir aujourd'hui, mais ils . . . peut-être venir vendredi.

Extra
V Using devoir all tenses.
How would you tell your friend:

1 that you think you must have left your camera in the Tourist Office;
2 that Pauline must have forgotten the date of your birthday;
3 that you ought to phone your parents tonight;

Part II

---

13 The imperfect tense

(Make sure you are quite clear about the 'perfect' tense, page 58 etc., before revising the imperfect tense.)

How to form the imperfect tense

Remember that you form the imperfect tense in the following way:

1 Take the 'nous' of the present tense, e.g., (nous) faisons
2 Cross off the -ons fais~~ons~~
3 Add the endings:

je faisais	nous	faisions
tu faisais	vous	faisiez
il/elle faisait	ils/elles	faisaient

4 You do the same for every verb but with être, add the endings on to ét . . . j'étais, etc.

How and where to use it

Whereas the perfect tense is used to describe completed or finished actions in the past, the imperfect tense is used to describe continuous or unfinished actions in the past. It is used to describe **what things were like** and **what was going on already at the time**.

In the following exercises, which show you when to use the imperfect tense, put the verb in brackets into the imperfect. As you are doing so, try to be aware of how the tense is being used.

A Setting the scene

Il (être) minuit. Tout le monde (dormir) paisiblement. La lune (briller) faiblement dans un ciel noir. De temps en temps on (voir) la silhouette d'un chat qui (se promener) silencieusement sur le toit, puis (disparaître) derrière les cheminées. Les branches des arbres (se détacher) contre le ciel au clair de la lune et (projeter) de longues ombres mystérieuses sur les

murs. Tout (être) calme. Rien ne (bouger) . . . Rien? . . . Mais si . . . on (entendre) quelque chose qui (bouger). Qu'est-ce que c'(être) . . .?

Soudain un bruit terrible a brisé le silence.

B What was he like?

1 Il (être) grand et maigre.
2 Il (avoir) les cheveux longs et roux.
3 Il (porter) des lunettes.
4 Il (avoir) une cicatrice sur la joue gauche.
5 Ses sourcils (être) noirs et épais.

What were you doing when . . .
Que faisiez-vous quand le cambrioleur s'est introduit par la fenêtre?

6 Ma femme (téléphoner) à sa sœur.
7 Moi, je (lire) mon journal.
8 Mes deux fils (regarder) la télé et (jouer) à monopoli.
9 Ma belle-mère (faire) du café dans la cuisine.
10 Ma fille (prendre) une douche . . . quand le cambrioleur est entré par la fenêtre.

C Describe what it was like just before the fatal accident . . .

1 Sur l'autoroute des milliers d'automobilistes (foncer) vers le sud . . .
2 Il (pleuvoir) à verse . . .
3 Les routes (être) glissantes . . .
4 Les voitures (rouler) trop vite . . .
5 On ne (conserver) pas une distance suffisante entre les véhicules.

A cet endroit les trois voies se rétrécissent en deux voies, et soudain, il y a eu cette collision . . .

D As . . .   Comme . . .
While . . .   Pendant que . . .
Because . . .   Parce que . . .

These are often used with the imperfect tense to **describe** an action that was going on **meanwhile,** or a **reason** for an action. The other verb in the sentence, describing the main action, is in the perfect tense. In each of the following sentences **one** verb only is in the perfect tense (passé composé) and the imperfect is used for the rest.

1 Comme je n'(avoir) pas mon carnet d'adresses je n' (pouvoir) pas téléphoner.
2 François (acheter) une carte de la région pendant que Sylvette (faire) le plein à la station-service.
3 Comme ils (devoir) être au port à sept heures pour embarquer ils ne (s'arrêter) pas.
4 Pendant que Louis (faire) les courses au supermarché il (rencontrer) son vieux copain André Bircand.
5 On (décider) de manger dans un restaurant hier soir parce qu'il n'y (avoir) pas grand-chose dans le frigidaire, et on ne (vouloir) pas faire la cuisine.

The perfect and imperfect tense

If we know when something began to happen, or when it finished happening, or if we know how many times something happened, or how long it lasted: if, indeed, it is clear that one thing began when another had ended then we use the perfect tense, because we know **when, how** or **how often** it occurred.

If we describe the scene, or what people looked or felt like, or if we are talking about what **usually** happened, or what **used to** happen, or what people **would do regularly** or **repeatedly** or what people **were doing** at the time, then we use the imperfect tense. It is a bit like setting the scene for a play, or preparing the audience for the action in a film or story.

E In these sentences the verbs are in the infinitive. Can you decide which tense to use, either the perfect or imperfect, and write the verbs in full. Then can you say what each sentence means in English? Are there any ambiguous sentences?

1 Il (être) dix heures et demie.
2 Hier Monsieur Roger (acheter) une auto.
3 Je (travailler) pendant cinq heures.
4 Cet employé-là (arriver) toujours en retard.
5 Le match (commencer) à deux heures.
6 'Enfin vous (arriver).'
7 Marie-Claude (être) gentille.
8 Tous les jours ils (sortir) en voiture.
9 On (passer) quatre jours à Dieppe.
10 Luc (poser) toujours la même question.

F
1 Il (pleuvoir) [pendant] toute la semaine dernière.
2 De temps en temps Albert (aller) à la porte, l'air inquiet.
3 L'ascenseur (être) souvent en panne.
4 Vladimir Borodoski (commencer) à jouer du piano à l'âge de quatre ans.

5 Jeanne ne (vouloir) pas manquer le train, alors elle (prendre) un taxi.
6 Il (mettre) du sucre dans son café et puis il le (boire) lentement.
7 Toutes les cinq minutes il (se lever) avec impatience et (regarder) par la fenêtre, mais . . . personne.

G
1 Il (parler) souvent d'Odette, mais il ne (aimer) pas parler de ses exploits pendant la guerre.
2 Quand il (entrer) Suzanne (écrire) une lettre à son frère.
3 Normalement il (fumer) environ 20 cigarettes par jour, mais le jour de son interview il en (fumer) 40.
4 On (aller) quelquefois au cinéma, mais on ne (aller) jamais au théâtre.
5 Chaque jour il (préparer) des sandwiches pour son déjeuner, mais jeudi dernier il (rentrer) chez lui à midi.

H What tense, perfect or imperfect, would you probably use if the following words came into your sentence? Are there any cases which are not clear cut?

1	D'habitude . . .	14	Quatre fois par semaine . . .
2	Tous les jours . . .		
3	Soudain . . .	15	. . . deux fois . . .
4	Quelquefois . . .	16	Enfin . . .
5	De temps en temps . . .	17	Souvent . . .
		18	Ensuite, . . .
6	Hier, à quatre heures . . .	19	Finalement, à midi . . .
7	Pendant une heure . . .	20	Samedi dernier . . .
		21	En ce temps-là . . .
8	Normalement . . .	22	Autrefois . . .
9	Chaque matin . . .	23	Il y a dix minutes . . .
10	Tout à coup, . . .		
11	Comme . . .	24	D'abord . . .
12	Pendant que . . .	25	Généralement, . . .
13	. . . en train de regarder la télé . . .		

Extra

Would be able, could . . .

When you are setting the scene or describing what something was like, do not be tempted to use the word 'could' in exactly the same way as we do in English. Sentences like: 'One could see the smoke rising from the chimney' would sound odd in French if you used the verb *pouvoir*, because, unless there were something like thick fog obscuring the view, it would be assumed that you **would be able (could)** to see what was in front of you. In French you would say: 'On voyait la fumée . . .' Similarly, unless there were something hindering you, you would automatically smell, feel and hear things around you.

I In the following sentences when would you use *pouvoir* with the verb, and when would you use the imperfect tense of the verb on its own? There is no need to translate the sentences.

1 One could see the hills in the distance.
2 You could help us shift some furniture.
3 You could smell bread being baked in the kitchen.
4 You could feel the wind biting against your cheeks.
5 They could hear them screaming downstairs.

You will now be aware of the different ways in which English-speaking people can express the imperfect tense:

je voyais — I used to see
I saw
I would see
I was seeing
I could see

Using the imperfect tense

J

86

Rouen, le 12 novembre

Chère Jennie

Merci pour ta lettre et aussi pour les photos que tu m'as envoyées. J'aime surtout celle de cette grosse oie à Goose Fair. Je ne comprends pas exactement ce que c'est que Goose Fair, et même mon prof d'anglais ne le sait pas. Est-ce que tu peux me l'expliquer ?...

Jennie, a 14 year old pupil in a local comprehensive school had a lot of bother writing back to her penfriend about the Nottingham Goose Fair. She went to her French teacher for help, and was surprised to see that the verbs she had difficulty with all looked the same, because they were in the imperfect tense. By translating her letter back into English, can you see the variety of ways in which we express the imperfect tense, and notice how this contrasts with the present tense. Start at the second paragraph of Jennie's letter. There are 15 imperfect tense verbs and five present tense ones.

Nottingham, le 20 novembre

Cher Vincent,

Cette énorme oie sur la photo, on la sort chaque octobre pour la placer au centre d'un carrefour près du parc où a lieu une grande fête foraine. Cette fête foraine s'appelle "Goose Fair."

A l'origine (déjà en 1294) une très grande foire avait lieu en automne à Nottingham sur la Place du Marché. Les gens pouvaient y apporter leurs produits pour les vendre aux autres. C'était comme un énorme marché,

mais il y avait aussi des jongleurs, des acrobates, des musiciens et des spectacles de marionnettes. Cette foire restait ouverte huit jours durant et les gens y venaient de tous les villages et les villes de la région.

En 1542 on appelait la foire "Goose Fair"....on y vendait des centaines d'oies et on les rôtissaient le jour de la fête: "Michaelmas Day" (le jour de la Saint-Michel). A la fin du XIXe siècle ça commençait déjà à ressembler à une fête foraine. Les écoles fermaient leurs portes pendant une semaine (quelle chance! Les enfants devaient bien s'amuser!) On voyait des lions, des éléphants et des avaleurs de feu.... on sentait l'odeur de châtaignes grillées et de la soupe chaude. Partout on entendait de la musique d'accordéon, et des violons.

Aujourd'hui ça sent plutôt le vinaigre et les frites, et aussi les petits pois écrasés ("mushy peas" en anglais!) Il y a des manèges, des grandes roues, des autos tamponneuses et d'autres attractions. J'y vais avec mes copains et on y dépense tout notre argent de poche. C'est vraiment passionnant!

Très amicalement,

Jennie.

Vocabulary	
une oie	a goose
un carrefour	a crossroads
une fête foraine	a fair, fun fair
une foire	a fair, market
les produits	the produce
le jongleur	the juggler
la marionnette	the puppet
durant	during (the whole of)
rôtir	to roast
un avaleur de feu	a fire eater
le manège	the roundabout
des autos tamponneuses	the "dodgems" at a fair
la châtaigne	the chestnut

14   The pluperfect tense

How to say what had happened

When one event in the past happened before another more recent event, one uses the pluperfect tense. This is a tense which is used much more in French than in English. To form it, just add the past participle to the imperfect tense of the auxiliary verb (either avoir or être), e.g.,

Ils avaient fini. = They **had finished**.
Elle était sortie. = She **had gone out**.

The same rule concerning the agreement of the preceding direct object holds as for the perfect tense: Ils les avaient fin*is*.

Often the pluperfect tense is used after words like quand, dès que and lorsque. See pages 89, indirect speech 112.

A   Read the following account and then complete the extract using the pluperfect tense of the verbs concerned:

M. et Mme Bréchet ont une jeune fille au pair merveilleuse: elle est très consciencieuse. Se réveillant très tard après une soirée chez des amis, ils avaient l'intention de demander à cette jeune fille de réveiller les enfants:

1   de mettre le couvert,
2   de faire la vaisselle,
3   de passer l'aspirateur dans le salon,
4   de descendre chercher le courrier,
5   de laver les vitres,
6   d'aller à la boulangerie acheter du pain frais,
7   de donner à manger au chat,
8   de réparer le pantalon déchiré de Christophe,
9   de ranger les affaires des enfants,
10   et de préparer les légumes pour le déjeuner.

Mais quand ils se sont levés à 11h.30, ils ont trouvé que cette fille merveilleuse *avait déjà mis* le couvert, qu'elle . . . 1, 2, 3, etc.

B   Can you use the pluperfect tense to complete the following sentences, The actual words spoken by the individuals concerned are in the speech bubbles.

1   J'ai expliqué que je . . .

Je leur ai déjà écrit deux lettres!

2   Alain a répondu qu'il . . .

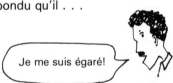

Je me suis égaré!

3   Le mécanicien a dit qu'il . . .

J'ai essayé de réparer la voiture

4   Les agents ont découvert que . . .

la famille anglaise est déjà partie!

5   On croyait qu'elles . . .

Elles se sont retrouvées sur la place du marché avant le départ!

Now answer the following questions using the pluperfect tense.

6 Quand as-tu fait cela? . . .

When I had finished my work.

7 Pourquoi ne lui avez-vous pas téléphoné? . . .

Because I had already spoken to him.

8 Et sa dissertation?

. . . She had already written it!

9 Ils ont pu faire la connaissance de Monsieur Michel à la dernière réunion, n'est-ce pas?

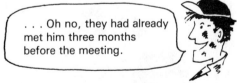

. . . Oh no, they had already met him three months before the meeting.

10 Est-ce à ce moment que vous avez eu l'idée de consulter le directeur?

. . . Oh no, I had already consulted him!

C Using the verbs given below, can you complete the following passage using the pluperfect tense, then say what it means in English.

Quand Madame Thomas s'est rendue à Rouen pour passer le weekend chez sa nièce, elle a dit à la jeune étudiante anglaise qui logeait chez elle qu'elle ne devait pas inviter des amis, et surtout ne rien toucher dans le salon, où il y avait beaucoup d'objets anciens de valeur. Mais à sa grande colère, quand elle est rentrée le dimanche soir elle a trouvé que malgré ses promesses, Susan_____des amis. Selon la concierge sept ou huit jeunes gens_____vers 10 heures du soir samedi et n'_____qu'à midi et demi le lendemain. Mme Thomas n'_____jamais_____son salon dans un tel désordre. Les étudiants_____des bouteilles de cognac dans son buffet Louis XIV. On_____des verres sur son piano à queue, y laissant des taches d'alcool. Ils_____utiliser sa chaîne hi-fi car des cassettes_____laissées sur la moquette. Susan_____de ses beaux fauteuils Louis XII qu'elle_____contre le radiateur. Les étudiants_____les cendres et les bouts de cigarettes dans ses tasses Louis XV. Ils_____les trois quarts du poulet froid et de la ratatouille qu'elle_____avant son départ pour Rouen et ils ne_____même pas_____la vaisselle.

D'après les voisins ils_____vers 2 h du matin et l'un d'entre eux_____l'appartement tout de suite après en faisant beaucoup de bruit. On a appris plus tard qu'il_____dans l'escalier (ayant sans doute trop bu) Tout le reste du groupe_____comme si rien ne_____Mais on_____d'éteindre le gaz dans la cuisine!

C'est pour cela que Susan a été renvoyée par Mme Thomas et qu'elle est maintenant obligée de trouver une autre chambre.

1	inviter	11	mettre
2	venir	12	manger
3	repartir	13	préparer
4	voir	14	faire
5	prendre	15	se disputer
6	déposer	16	quitter
7	devoir	17	tomber
8	être	18	partir
9	se servir de	19	se passer
10	déplacer	20	oublier

Venir de

How to say you have just done something. This idiom is used in the present tense: *je viens de manger* — **I have just** eaten or in the imperfect tense: *je venais de manger* — **I had just** eaten. It is used frequently in letters as well as in conversation. Sometimes *juste* is added for emphasis: Je venais *juste* de rentrer. — I had **only** just got in.

D The following extracts are all taken from letters received from French-speaking countries in Europe, Africa and North America. What do they mean in English?

1	*Je viens de recevoir ton joli cadeau qui m'a fait grand plaisir . . . le petit coffret est très mignon et je t'en remercie beaucoup . . .*
2	*Je viens de m'apercevoir que je n'avais plus de papier à lettres mais je pense que tu ne m'en voudras pas pour cela.* (The letter was written on exercise paper.)
3	*Nous avons été ravis de recevoir votre coup de téléphone dimanche soir . . . en effet nous venions juste de parler de votre séjour à Dijon, et, n'ayant pas encore recu de lettre confirmant la date de votre arrivée, nous nous demandions si vous aviez changé d'avis.*
4	*Je n'ai pas de nouvelles de mes examens, mais Martine est recue et rentrera au foyer début octobre je crois. Elle vient de passer 15 jours avec ses parents dans le midi de la France, elle a même visité une partie de l'Espagne.*
5	*Une grande nouvelle à t'annoncer: Claude et Hélène viennent d'avoir un petit garçon adorable: Olivier! Mes parents sont donc venus passer une semaine à Paris pour le voir.*
6	*Je viens de relire tes lettres et je me dis que le vieux Monsieur que tu avais rencontré lors de ton retour doit habiter du côté de Saint Véran . . .*
7	*. . . mais malheureusement, quand nous y sommes arrivés ils venaient tous de rentrer!*
8	*A peine venait-on d'acheter un nouvel appareil que la police nous a confirmé avoir retrouvé l'autre!*

How would you say:
I've just written to the Youth Hostel.
I've only just finished reading that document.

Venir de/être en train de

'Etre en train de' — to be in the middle of, — is usually found in the present or imperfect tense
je mange — I'm eating
je suis en train de manger — I'm in the middle of eating
I'm just eating
je mangeais — I was eating
j'étais en train de manger — I was in the middle of eating
I was just eating

E Both *venir de* and *être en train de* seem to give a bit more of a feeling of immediacy. Can you use them in place of the replies given to the questions below: e.g.,

Tu te baignes? Non, je me suis baigné.
New reply: *Non, je viens de me baigner.*

1 'Eh, Marie, tu veux aller au restaurant avec moi?'
'Ah non, merci, je prépare une omelette aux fines herbes pour le dîner.'
2 'Tu vas écrire à Monsieur et Madame Garnier?'
'Non, je leur ai écrit une longue lettre aujourd'hui.'
3 'Où sont les autres?'
'Ils règlent l'addition à la réception.'
4 'Ils vont acheter une bouteille de gaz?'
'Mais ils ont acheté une bouteille de gaz.'
5 'Qu'est-ce que tu fais là?'
'Je répare ma sandale avec du fil.'

F Using venir de/en train de can you answer these questions, e.g.,

Elle fait ses devoirs?
Non, elle vient de les faire!

1 Elle cherche toujours son carnet? (Non, elle . . .)
2 Il va aller à l'hôpital rendre visite à Marcel? (Non, il . . .)

3 On va acheter des billets? (Non, nous . . .)
4 Vous allez le demander à l'employé au guichet? (Non, je . . .)
5 Le directeur ne peut pas me voir tout de suite? (Non, il . . .)
6 Pourquoi ne veux-tu pas voir ce film au Gaumont avec nous? (Parce que je . . .)
7 Mais, regarde ce désordre — tu ne vas pas ranger toutes ces affaires? (Mais ne vois-tu pas que je . . .)
8 Où est Paul? Il faut absolument qu'il téléphone à Monsieur Debret! (Mais justement il . . .)
9 On ne peut pas lui parler maintenant alors? (Non, . . .)
10 Je voudrais voir le chauffeur . . . où est-il? (Il . . .)

G Read this short passage and then answer the questions using venir de/en train de.

C'est à sept heures que Bruno est rentré à l'auberge après son excursion à Pevenas. Il avait faim et il voulait dîner au restaurant avec ses amis qui, eux, avaient passé la journée sur la plage de Palavas. Mais Claudette était occupée à faire son courrier, Gérard avait acheté un sachet-repas au foyer des étudiants, Chantal se lavait les cheveux, André et Martine avaient mangé au Relais St Jacques, et Denise et moi avions fini notre repas froid dans notre chambre.

Pourquoi est-ce que Bruno a été obligé d'aller dîner tout seul au restaurant? Parce que:
1 Claudette . . . 2 Gérard . . . 3 Chantal . . .
4 André et Martine . . . 5 Denise et moi . . .

H Role play. Invent excuses using venir de/en train de . . .

1 Veux-tu sortir? Non . . .
2 Allô, ici Paul. On va à la M.J.C. Tu viens? Non . . .
3 Jean, puis-je emprunter encore une fois ton poste?
4 Je peux lire ton journal?
5 On nous a dit que vous avez de vieux meubles à vendre . . .

Can you complete the following sentences using venir de/en train de

6 Il n'a pas pu jouer au tennis parce qu'il . . . le bras.
7 Marie ne pouvait pas dîner avec Paul parce qu'elle . . . les cheveux.
8 Nous n'avons pas vu l'accident à 11h. 30 du soir parce que nous . . .
9 Elles disent qu'elles . . . quand le réveil-matin a sonné.
10 Ils . . . la route quand soudain un grand camion a percuté un arbre devant eux en renversant un cycliste qui passait.

Using the imperfect and pluperfect tenses − si on allait . . .

How to suggest doing things . . . How about?
. . . (See also Imperative page 9 and Aller page 78.)

Another way of suggesting how to do things is to use *si* with the imperfect tense, e.g.,

> 'Si on allait au concert de jazz?'
> 'How about going to the jazz concert.'

I   How would you suggest the following to your friends? You can use either the imperative (see page 9) or *si* + imperfect.

1   How about going to the pictures?
2   Shall we play tennis?
3   How about going down town?
4   How about inviting Paulette?
5   What about bringing her some flowers?
6   What if we went to the bank first?
7   How about hiring some bikes?
8   How about having something to eat?
9   How about going there immediately?
10   How about asking them?

Verbs to use: aller, jouer, inviter, apporter, louer, manger, demander.

Wishful thinking − si on avait fait . . . si seulement . . .

Si seulement − followed by the imperfect or pluperfect tense − wishful thinking.

Si seulement j'avais assez d'argent . . .
If only I had enough money . . .
Si seulement je vous avais rencontré plus tôt . . .
If only I had met you earlier . . .

J   Using the above examples as a guide, how would you say, regretfully, (using the imperfect).

1   If only he were here . . . (but he isn't!)
2   If only you knew . . . or: if you but knew . . .
3   If only we (on) could do something for her . . .
4   If only he would tell me . . .
5   If only I could speak German . . .

(using the pluperfect)

6   If only you had arrived ten minutes earlier!
7   If only I had bought the other tee-shirt!
8   If only I had brought my camera!
9   If only I had been there!
10   If only you had told me!

15 Using the past tenses

Authentic extracts

In the following section, read each extract then answer the questions which follow it. Helpful vocabulary is given on p. 96.

A La voiture abandonée

> — *Jeudi matin, 11 heures. Sur une aire de stationnement de l'autoroute de Saint-Avold nous voyons une voiture abandonnée. Naturellement nous nous approchons pour examiner le véhicule et nous trouvons que le coffre n'est pas fermé à clef! Nous l'ouvrons et découvrons une grande quantité d'objets de valeur!*
> — *Ça alors! s'est exclamé le Commissaire.*
> — *Oui, il y a des colliers, des bagues, des chevalières et d'autres bijoux divers!*
> — *Et le propriétaire? C'est un voleur?*
> — *Non, le propriétaire est un commerçant de Metz! Il a laissé sa voiture tombée en panne sur place et a oublié de fermer le coffre à clef!*
> — *C'est bizarre, en effet, s'est exclamé le Commissaire en riant. — Heureusement qu'il ne s'est rien passé de grave. Il faut quand même faire un rapport écrit, s'il vous plaît.*

What did the two policemen write in their report? They wrote it in the past tense using perfect and imperfect tenses, as well as two pluperfect ones.

B A report of the same incident appeared in *France-Soir*. Here it is, but you will have to put the verbs into the correct form. There are three past participles which are used on their own as adjectives. Can you pick them out?

> ### 200,000 F DE BIJOUX DANS LA VOITURE EN PANNE
>
> Les gendarmes de l'autoroute de Saint-Avold (*être . . .*) quelque peu surpris samedi matin lorsqu'ils (*decouvrir . . .*) une voiture abandonnée sur une aire de stationnement à Narbefontaine (Moselle). Dans le coffre du véhicule, qui n' (*être*) pas fermé à clef, ils (*trouver*) en effet pour 200,000 F de colliers, bagues, chevalières et bijoux divers.
> Le propriétaire de la voiture (*être . . .*) un commerçant de Metz qui (*laisser*) sur place son véhicule tombé en panne, sans s'inquiéter apparement de ce qu'il (*contenir*).

C Here is an eyewitness account of another incident.

> — 'Je *viens de* jouer aux boules quand j'*entends* le bruit familier de ma voiture. Avec mes deux amis, je me *précipite* vers mon véhicule. J'*arrive* juste à temps car au volant il y a mon voleur! Ce dernier *est* tellement surpris qu'il *percute* violemment le trottoir. Alors, j'*ouvre* la portière de la voiture et c'*est* comme ça que je me *saisis* de lui et *peux* le ceinturer!'
> 'Bravo Monsieur Magnan! Faites maintenant une déclaration écrite, s'il vous plaît.'

Can you write out M. Magnan's written statement for him?

A report of the previous incident appeared in the *Dépêche du Midi*. It is reproduced here, but some of the verbs have been left for you to fill in. You may notice that the journalist has used a number of fancy tenses in his report, but the ones left for you to write in are all perfect or imperfect tense verbs.

NARBONNE — IL ARRETE SON VOLEUR

"Il *être* tard, et comme je campe sur un terrain de Port-la-Nouvelle, il me *falloir* un moyen de locomotion." c'est ainsi que Jean-Pierre Bonnard, 22 ans, demeurant à Montgeron (Essonne) *expliquer* sa tentative de vol d'une voiture.

M. Gerard Magnan, qui demeure rue de Bourget, *venir de* jouer aux boules sur le Plan-Saint-Paul, lorsqu'il entendit un bruit qui lui *être* familier: celui du moteur de sa voiture. Avec deux amis, il se précipita vers son véhicule. Bien lui en prit, car, au volant, il y *avoir* son voleur. Ce dernier *être* surpris et *percuter* violemment le trottoir. M. Magnan *pouvoir* le ceinturer. C'est ainsi que Bonnard *être* conduit au commissariat de police.

D Bravo, Roland!

— Mais où as-tu trouvé ce sac à main, Roland?
— Près de l'hypermarché, monsieur. Je *viens tout juste de* sortir de l'hypermarché quand je *remarque* sur le trottoir un grand sac. Je le *ramasse*, je *regarde* autour de moi et *demande* à quelques dames si elles *ont perdu* le sac. Mais elles me *disent* que non. Alors, je l'*ouvre* pour voir s'il n'y *a* pas d'adresse à l'intérieur. Dans le sac je *trouve* un porte-monnaie contenant des billets de cinquante francs. Il y *a* aussi un carnet de chèques et des papiers. En voyant tout ça, je *décide* tout de suite d'apporter le sac au commissariat, et me voici.

Roland was asked to write everything down. Can you complete his written statement for him? (There is one pluperfect tense in his final version)

— *Je venais tout juste de* . . .

A report of the incident appeared in *France-Soir*
Can you fill in the correct form of the verbs in the blank spaces? You will find that one of the verbs has to be in the present tense.

BRAVO

Un garçon de neuf ans, Roland Choudard,____le héros de Saint-Dizier. Il y a quelques jours, il ____près d'un hypermarche de la ville, un sac à main qui____une forte somme d'argent, un carnet de chèques ainsi que des papiers. Il____aussitôt____au commissariat de police pour remettre sa découverte.

Roland Choudard____un enfant de l'Assistance publique élevé par une famille adoptive.

> *devenir*
> *découvrir*
> *contenir*
> *courir*
> *être*

E A reporter has just visited a young girl in hospital to interview her after an incident in which she saved the life of a young woman in a block of flats. Here is the transcript of the cassette he made of their conversation, with a brief introduction.

Un drame s'est déroulé samedi soir à Elme, au cinquième étage d'une HLM. Un chauffeur routier, Serge Couvert, 38 ans, a attaqué Michèle Blanc, et il lui avait déjà porté deux coups de couteau au ventre quand il a été surpris par une jeune fille de quatorze ans, Caroline Augier. En se précipitant vers le téléphone et en criant, la jeune fille a détourné l'attention du malfaiteur, qui avait la réputation d'être violent et alcoolique, et c'est ainsi que la mère, qui souffrait déjà de ses blessures, a pu quitter l'appartement avec son bébé de 18 mois. Pris de panique, le malfaiteur a tenté de se sauver. Mais alertés par les voisins, les gendarmes d'Elme arrivaient très vite sur les lieux du drame.

"Je faisais du baby-sitting dans l'appartement du dessus. Soudain j' *entends* un cri, puis plus rien. Il *est* neuf heures vingt-cinq. Ensuite il y *a* un deuxième cri qui *vient* d'en bas. Alors je *descends*. La porte d'entrée du numéro 52 *est* ouverte alors j'*entre* et dans le vestibule je *vois* un type en train de lutter avec une jeune femme. Il *tient* un couteau de cuisine. La femme *essaye* de se libérer. J'*ai* vraiment peur, mais je *commence* à crier très fort. Personne ne *vient* à notre aide. Pourtant il *doit* y avoir des gens chez eux. L'homme *ramasse* une chaise et la *jette* sur moi. Ça me *fait* mal mais j'*ai* la force de courir vers le téléphone pour appeler la police. A ce moment je *reçois* un coup et je *tombe*. Je ne me *rappelle* plus rien après ça. *Plus tard je me* réveille *à l'hôpital.*"

Bravo à cette jeune fille courageuse qui a pu sauver la vie à une mère et à son enfant!

When he looked over the report, the reporter decided to write the final version in the past tense. What did he write? You can use either "je" or "elle" . . . (faisais/faisait du baby sitting).

* Are there any cases when you could use either imperfect or perfect?
* Have you spotted a preceding direct object agreement?
* Is there a reflexive verb in the perfect tense that does *not* "agree".

Extra
In the following newspaper extracts the verbs have been left in the infinitive so that you will have to change them into the relevant tenses in order to reconstruct the original report.

F

REVEL

Voiture contre platane: un mort.

Samedi, en soirée, sur la C.D. 623, M. Joseph Thoure, 20 ans, militaire au quartier Fayolles à Castres, *perdre* le contrôle de sa voiture. Pour une cause indéterminée, à la sortie d'une courbe à droite, le véhicule *percuter* de plein fouet un platane. La violence du choc *être* telle que le jeune militaire *être* tué sur le coup. Il *être* marié et père de deux enfants.

Dépêche du Midi 12 juillet

UN ADOLESCENT DE 14 ANS originaire de Ploufragran dans les Côtes-du-Nord, Francis Daoudal, qui passait ses vacances en colonie de vacances dans les Hautes-Pyrénées, *trouver* la mort dans un accident de montagne au-dessus de Luchon. (Haute Garonne) Un pont de neige *céder* sous son poids, au cours d'une excursion dans la vallée du Lys. On *faire* tout de suite l'alerte, mais quand l'équipe de sauvetage *arriver*, il *être* déjà trop tard.

L'Humanité 12 juillet

LA FEMME DE FERNANDEL CAMBRIOLEE: ON LUI A FAIT LE "COUP DU BOUQUET"

Arnauld DINGREVILLE

Une femme de 80 ans est dans un état de choc au cinquième étage d'un immeuble luxueux de la rue de la Faisanderie (16e). Elle *subir* une agression jeudi matin.

L'état-civil la connaît sous le nom d'Henriette Contandin. Mais tout le monde l'appelle "Mme Fernandel." Cette femme, tremblante de peur, qui *être* ligotée et dévalisée par quatre malfaiteurs, est en effet l'épouse du célèbre comédien.

Les malfaiteurs *s'introduire* par ruse chez elle, et *profiter* de la présence d'un visiteur attendu.

BEL IMMEUBLE

"Il *être* onze heures" raconte-t-elle. "Mon médecin *venir de* entrer dans l'appartement, Mon employée n' *avoir* même pas *avoir* le temps de refermer la porte. Un homme *être* là, portant un gros bouquet de fleurs.

Immédiatement le "garçon de courses" jette le bouquet par terre.

Trois complices surgissent le visage caché par des cagoules. Deux revolvers apparaissent.

"Ils *porter* des vêtements de travail. Ils *indiquer* à la gardienne de l'immeuble qu'ils étaient ouvriers . . ." reprend Henriette Contandin. "ils nous *menacer* tous les trois. Ensuite ils m' *questionner* Ils *chercher* l'argent et des bijoux. En vingt minutes ils *fouiller* presque tout l'appartement. Ils *trouver* 3000F en espèces et quelques bijoux. Ils *emporter* une bague de grande valeur (200.000 à 300.000 F) Avant de partir ils nous *ligoter* les poignets et nous *tasser* dans un petit débarras. En se tortillant mon médecin *réussir* à me délier. Je l'*aider* ensuite à se libérer."

. . . Les policiers de la première brigade territoriale ont été chargés de l'enquête. "Le coup du bouquet de fleurs commence à être connu" disent les policiers "Près de dix équipes de gangsters l'utilisent actuellement."

France Soir

Some vocabulary to help you in the section:
Using the past tenses

1

une aire de stationnement	a parking bay
le coffre	the boot of a car
un objet de valeur	a valuable object
une chevalière	a signet ring
quelque peu	somewhat
lorsque	when
trouver en effet pour 200.000F	to find 200,000 francs worth (of)
un commerçant	a dealer

2 Narbonne — Il arrête son voleur

tellement surpris	so surprised
se précipiter	to rush
au volant	at the steering wheel
percuter	to hit, knock
ceinturer	to grab hold (of his body)
un moyen	a means
demeurant	living
bien lui en prit (or bien lui en a pris)	he was lucky!

3 Bravo Roland!	
un carnet de chèques	a cheque book
un porte-monnaie	a purse

4 Un drame de violence	
se dérouler	to occur (to unfold)
un chauffeur routier	a long distance lorry driver
détourner	to distract
le malfaiteur	the criminal
la blessure	the wound
tenter de	to attempt to
arriver sur les lieux du drame	to arrive at the scene of the incident

5 Revel	
un platane	a plane tree
le C.D.623	a road number (e.g., A 52)
à la sortie d'une courbe	having gone round a right-hand bend
de plein fouet	head on
tel que	such that
sur le coup	on the spot

Un adolescent	
céder	to give way
le poids	the weight
au cours de	during
une équipe de sauvetage	a rescue team

6 La femme de Fernandel	
en état de choc	in a state of shock
subir	to suffer, to undergo
une agression	an attack
l'état civil	civic status (her real name is . . .)
ligoter	to tie up
dévaliser	to rob
une épouse	a wife
s'introduire	(like 'conduire') — to break in
le garçon de courses	the delivery boy
un complice	an accomplice
surgir	to spring up, to appear
fouiller	to search
en espèces	in kind
un débarras	a store cupboard
un poignet	a wrist
se tortiller	to twist, to wriggle

Depuis

How to say how long **you have been doing** something — and are still doing it!

If you wish to tell someone how long you *have been* doing something, you must use the **present** tense of the verb with *depuis*. This is because you are still continuing to do that action. e.g.,

Je fais cet exercise depuis cinq minutes. I've been doing this exercise for five minutes.

If you wish to tell someone how long you **had been** doing something at a particular moment in the past, then you must use the **imperfect** tense with *depuis*, e.g.,

Je faisais mon devoir de français *depuis* cinq minutes quand le téléphone a sonné.

I had been doing my French homework **for** five minutes when the phone rang.

It is also possible to use:
(a) *ça fait* cinq minutes *que* je fais mon devoir . . .
(b) *il y a* cinq minutes *que* je fais mon devoir . . .
(c) *voilà* cinq minutes *que* je fais mon devoir . . .

All these mean the same as *je fais mon devoir depuis 5 minutes* — I've been doing my homework for 5 minutes (now) . . . and am still doing it!

Do not confuse il y a 5 minutes *que* . . . with il y a cinq minutes, which means, of course. '5 minutes **ago**'.

H   If your French friend wrote to you asking the following questions, what would you write back in reply? Use *depuis* in **all** your answers.

1   Depuis quand apprends-tu le français?
2   Tu habites cette ville depuis toujours?
3   Ça fait longtemps que tu habites cette maison (cet appartement)
4   Depuis quand es-tu élève dans ton collège?
5   Depuis quand cherchais-tu un correspondant quand on t'a donné mon nom et mon adresse?

I   Now answer the same questions using ça fait . . . que, il y a . . . que, or voilà . . . que . . . instead of depuis.

J Using depuis, can you invent the other half of each sentence to complete these snippets of conversation?

1 (Attendre) . . . depuis quarante minutes quand il est enfin arrivé!
2 (Manger) . . . depuis vingt minutes quand soudain nous avons entendu un bruit terrible!
3 (Surveiller) . . . depuis une demi-heure quand il a décidé de l'arrêter et de l'amener au commissariat.
4 Suzanne faisait la queue depuis 25 minutes quand l'autobus . . . (arriver) . . .
5 Quand je suis arrivé mes amis . . . (être) . . . là depuis une heure.

Beware!

If you are explaining **for how long** you have been doing something, depuis means *for*, e.g.,

> Je suis ici depuis 10 minutes.
> I've been here **for** 10 minutes.

If, however, you have been doing something **since** a particular day or time, although depuis is used, the meaning in English is since, e.g.,

> Je suis ici depuis 10 heures du matin.
> I've been here since 10 o'clock.

The French tend to put in extra details about the time such as *du matin* if they want to make it clear to their listener that they have been waiting **since ten o'clock** and not **for ten hours**! This is a point which can sometimes confuse the native speaker!

In the negative, because the action is **not** continuing, one has to use the normal tense, e.g., je n'ai pas mangé depuis ce matin (I haven't eaten since this morning); je n'ai pas vu Paul depuis longtemps (I haven't seen Paul for a long time).

K The following conversation takes place between two people waiting outside a phone box in a block of flats. Can you complete the dialogue?
You will find that you have to use depuis!

> Bonjour! Vous attendez pour utiliser le téléphone?

> Oui, comme d'habitude je vais téléphoner à ma famille!

1

> Ah bon, et comment va votre frère Paul?

> Oh, I haven't seen him for a fortnight!

2

> . . . et les Thibault?

> We haven't written to them for a long time.

3

> Vous avez des nouvelles de M et Mme Brown?

> Ah, the English couple, no, they haven't come to our place for several weeks!

4

> Ce monsieur prend son temps! He's been on the phone for half an hour!

5

> Yes, I know, I have been waiting here for 45 minutes!

How would you say the following:
6   I've been sitting here for ages (longtemps).
7   How long have they been waiting at the station?
8   Let's find a restaurant, she hasn't eaten since breakfast!
9   I've been meaning to write for several weeks.
10 We had been watching the match for 15 minutes when it began to pour with rain!

Vocabulary	
avoir l'intention de	to mean to do something
pleuvoir à verse	to pour with rain

L   Read the following passage carefully, then answer the questions.

RENDEZ-VOUS MANQUÉ?

RENDEZ-VOUS 8 JUIN 18h.30 A LA GARE

Gare routière: 19h.30

Ça faisait deux ans qu'il sortait avec Anne. Ils ne s'étaient jamais disputés. Ce jour-là c'était l'anniversaire d'Anne, et déjà quatre semaines auparavant Christophe lui avait proposé d'aller manger dans un restaurant chinois. Il avait attendu ce jour avec impatience, car il aimait beaucoup Anne et puisqu'elle habitait à 30 kilomètres dans un petit village, ils ne se voyaient pas très souvent. Lui, Christophe, était arrivé à la gare routière à l'heure convenue (18h.30) Mais où était Anne? Il avait téléphoné chez elle trois fois, mais toujours pas de réponse.

Gare S.N.C.F: 19h.30

Cependant Anne, vêtue d'une robe neuve, était au bord des larmes. Elle était arrivée à cinq heures, beaucoup trop tôt pour son rendez-vous, mais elle avait pris le train de trois heures pour être sûre de ne pas manquer son rendez-vous. Deux heures et demie dans une salle d'attente, ce n'était pas drôle, surtout le jour de son anniversaire! Elle avait déjà téléphoné aux parents de Christophe mais ils lui avaient confirmé qu'il était sorti.

Gare S.N.C.F. 19h.45

— Mon dieu! — Anne se rappelle qu'elle n'avait peut-être pas dit à Christophe qu'elle allait prendre le train et non pas le car cette fois-ci. Elle court à toute vitesse au passage souterrain, descend l'escalier et remonte 4 minutes plus tard à la gare routière à côté, où Christophe, toujours patient, attend à l'arrêt habituel.
— Ça fait plus d'une heure que je t'attends!
— Et moi, je . . . ici depuis plus de deux heures, mais j'étais à la gare S.N.C.F. Mille excuses!

Can you complete Anne's last speech?
1   A 19h.45 le 8 juin Christophe (*attendre*) depuis . . .
2   Il (*sortir*) avec Anne depuis . . .
3   Le rendez-vous (*être*) fixé depuis . . .
4   Anne, à 19h.45 (*attendre*) depuis . . .
5   A 20h.05 pourquoi avaient-ils très faim?

16   The future tense

Once you have learned the 'stems' of the irregular future verbs, you will find that the future tense is one of the easiest to use. All you have to remember are the endings of the present tense of *avoir* and the infinitives of verbs. Find the infinitive of the verb; if the infinitive ends in *e* (e.g., rendre) cross off the *e* before adding the endings; rendre

> je rendr*ai*   nous rendr*ons*
> tu rendr*as*   vous rendr*ez*
> il/elle rendr*a* ils/elles rendr*ont*

(I, you, etc., **will** give back . . .)

Here are the main irregular future "stems" . . . the endings are still the same.

aller	j'*irai*	mourir	je *mourr*ai
avoir	j'*aurai*	pouvoir	je *pourr*ai
être	je *serai*	recevoir	je *recevr*ai
asseoir	je m'*assiér*ai	savoir	je *saur*ai
courir	je *courr*ai	tenir	je *tiendr*ai
devoir	je *devr*ai	venir	je *viendr*ai
envoyer	j'*enverr*ai	voir	je *verr*ai
faire	je *fer*ai	vouloir	je *voudr*ai
il faut	il *faudr*a		

A   Study this itinerary:

L'itinéraire de Gérard et d'Adèle

Dim 3 avril	*Départ par le train/hovercraft pour Paris.	*Arrivée 21 heures.
Lun 4 avril	*Visite du Quartier Latin, Cathédrale Notre-Dame, Île Saint-Louis	
Mer 5 avril	*Promenade en bateau-mouche sur la Seine; ascension de la Tour Eiffel	
Mer 6 avril	*Adèle — grands magasins (vêtements)	*Gérard a rendez-vous avec Monsieur Pécoud.
Jeu 7 avril	*Adèle — les Impressionistes au musée du Jeu de Paume	*Gérard travaille avec M. Pécoud
Ven 8 avril	*Journée à Versailles (château, jardins)	
Sam 9 avril	*Retour à Birmingham	

Can you write out in full a description of what Gérard and Adèle will be doing next week in Paris? Each activity has been marked with an asterisk *. The ten verbs you can use are: partir, arriver, visiter, faire une promenade, faire l'ascension de, aller, acheter, avoir rendez-vous avec, voir, passer la journée, rentrer.

B Et toi? Answer the following questions:

1 Que feras-tu pendant les prochaines grandes vacances?
2 Que feras-tu pendant le weekend? (A part le travail?)
3 Que feras-tu pour t'amuser ou te relaxer ce soir?
4 Que feras-tu demain matin?
5 Que feras-tu pour ton repas ce soir?

C A very special date! How will you prepare for it?

1. Laver cheveux
2. Bain (prendre avant trois h...)
3. Repasser chemise/robe —
4. Nettoyer chaussures —
5. Etre prêt à temps... Faire une bonne impression!

Quand, dès que, aussitöt que, with the future and future perfect tense

Only when I'm ready . . . as soon as I have finished.

The French are very precise! Whenever you are referring to the future, you must make sure that you use the future tense, even if in English it may not sound as if you are, e.g.,

Quand viendrez-vous?
Quand je *serai* prêt. = When I **am** ready.

If you are looking ahead to the time when something **will already have been** finished, then you must use the future perfect tense. This is quite simple: it is formed from the **future** tense of avoir or être with the past participle. You will have to make the past participle agree just as it does in other compound tenses (perfect, pluperfect), e.g.,

Dès que *j'aurai fini*, nous pourrons sortir.
As soon as **I have finished** we'll be able to go out.
Aussitôt qu'*il sera descendu* nous pourrons partir.
As soon as **he has come down**, we'll be able to set off.

Literally, these mean: **as soon as I will have finished, as soon as he will have come down.**

D Can you answer the following questions using quand, dès que, aussitôt que or lorsque together with the future or future perfect tense. Some prompt sentences have been given you together with the verb you have to use.

1 (arriver)

Quand téléphonerez-vous?

En arrivant à l'hôtel

2 (avoir)

Quand ira-t-il à Londres?

Il n'a pas assez d'argent en ce moment . . .

3 (finir)

Quand partiront-ils?

Ils n'ont pas encore fini leur travail!

4 (avoir)

Quand me le diras-tu?

je n'ai pas encore tous les détails.

5 (recevoir)

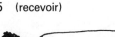

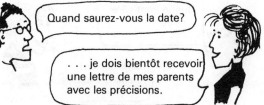

Quand saurez-vous la date?

. . . je dois bientôt recevoir une lettre de mes parents avec les précisions.

6 (finir)

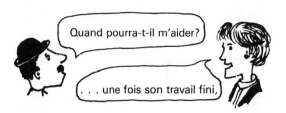

Quand pourra-t-il m'aider?

. . . une fois son travail fini,

7 (préparer)

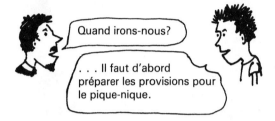

Quand irons-nous?

. . . Il faut d'abord préparer les provisions pour le pique-nique.

8 (se réveiller)

Quand lui demanderas-tu?

Elle dort en ce moment, elle va se réveiller bientôt.

9 (être prêt)

Quand le ferons-nous?

Je ne suis pas encore prêt.

10 (s'habiller)

Quand iront-elles en ville?

Elles doivent d'abord s'habiller.

E What do these mean in English?

1 Quand il descendra, je lui donnerai son courrier.
2 Aussitôt que j'aurai raccommodé mon pantalon, on pourra sortir.
3 Quand vous serez tranquilles, je vous le dirai.
4 Dès qu'ils seront partis, je vous dirai la vérité.
5 On en discutera aussitôt que nous serons rentrés.
6 Quand tu auras fini avec tes bêtises tu me laisseras peut-être parler!
7 Dès que vous aurez fait vos devoirs vous pourrez sortir.
8 Quand vous verrez l'appartement, vous comprendrez pourquoi je ne l'aime pas.
9 Aussitôt que M. Bardot aura fini son discours, on pourra visiter la cave et goûter le vin!
10 Quand tu viendras, nous irons tous les jours à la plage.

If/when − si/quand

Words like *quand, dès que, lorsque*, etc., used with the future tenses imply that something **will** definitely happen; it is only a matter of time.

However, things may not be quite so definite. The word **if** throws quite a different perspective on what you hope you will be doing. *Si* (**if**) does not describe an exact moment of time like **when** or **as soon as**, so you do not have to think hard about the tense as you do with *quand*, etc. In fact, you use it just as you would in English! E.g.,

si + present tense   with the future in the main
si + perfect tense   clause.

IF he has finished, I will speak to him.
S'il a fini, je lui parlerai.

IF he finishes soon, I'll speak to him about my decision.
S'il finit bientôt, je lui parlerai de ma décision.

This is different from:

WHEN **he has finished**, I will speak to him.
QUAND *il aura fini*, je lui parlerai.

WHEN **he finishes** what he's doing, I'll speak to him about my decision.
QUAND *il finira* ce qu'il fait, je lui parlerai de ma décision.

F Can you go back to Exercise E, and imagine that everything now depends on **if** certain things happen, e.g., **if** he comes down, I'll give him his letters. (no. 1) Rewrite the first half of each sentence and say what it means.

Authentic extracts

The following announcements appeared in two newspapers a few days before July 14 — the first, in a national paper, the second, in a provincial paper. By writing the future tense using the infinitives given, can you reconstruct the announcements?

---

14 JUILLET PARIS: DÉFILÉ MILITAIRE EN NOCTURNE

Le 14 juillet un grand défilé militaire *avoir lieu* dans la soirée entre l'Arc de Triomphe et la Place de la Concorde. Une présentation de matériels militaires *se faire* dans l'après-midi. Des fanfares, des exhibitions de gymnastique, des sauts en parachute *animer* cette démonstration. Les jeunes *pouvoir* exercer leur agilité et leur goût du risque à la tour de saut, sur le mur d'escalade ou aux commandes d'un simulateur de pilotage pour hélicoptère. C'est à 22 heures que *s'ouvrir* le défilé. Le Président de la République *passer* en revue les troupes massées autour de l'Arc de Triomphe et sur les Champs-Elysées. Dix fanfares, 6,000 fantassins, plus de 500 véhicules (dont 140 blindés) 45 avions et 25 hélicoptères *participer* à la parade.

FEU D'ARTIFICE À L'ARC DE TRIOMPHE

Le détachement d'intervention parachutiste féminin, symbole de l'intégration opérationnelle des femmes dans les armées, *précéder* les bérets rouges du IXe Régiment des chasseurs parachutistes. Le défilé *être* composé de régiments de réserve et de troupes représentant quarante-six unités de la gendarmerie nationale, de l'armée de terre, de la marine nationale et de l'armée de l'air.

En province les défilés *avoir* lieu le 13 juillet en fin d'après-midi, à Lille, Rennes, Bordeaux, Lyon et Metz-Strasbourg. Dans la capitale les musiques militaires *accompagner* les troupes en jouant "France Cavalerie", "La Marseillaise" "La Marche Consulaire" "Le Défilé de la Garde" "Joyeux Trompette" "Le Grenadier du Caucase" et "La Quatre Barbes."

A l'issu du défilé militaire nocturne du 14 juillet la mairie de Paris *offrir* aux Parisiens un grand feu d'artifice. L'Arc de Triomphe *constituer* le centre d'un spectacle pyrotechnique qui *commencer* aux environs de 23 heures et *durer* un quart d'heure.

CIRCULATION INTERDITE A PARTIR DE 18 H 15

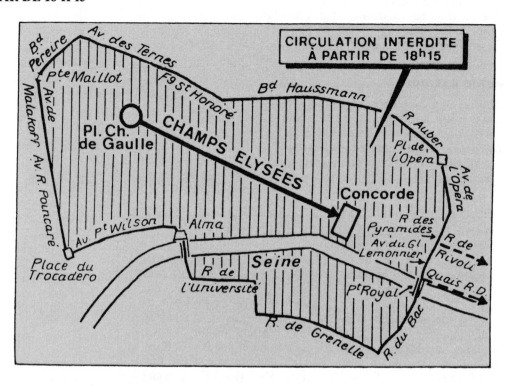

Ce périmètre *être* interdit à toute circulation et à tout stationnement automobile à partir de 18h 15. Un bon conseil, ne prenez pas votre voiture.

"Le Figaro"

ELNE

LA FÊTE NATIONALE — elle _____célébrée mercredi prochain selon le rite habituel. La population de la ville est invitée à se joindre au cortège afin de déposer une gerbe au monument aux Morts. Après cette cérémonie un apéritif_____servi au centre culturel. La municipalité se fait un plaisir d'informer toute la population d'Elne et de ses environs qu'à l'occasion de la Fête nationale du 14 juillet elle_____un grand bal populaire gratuit. Le célèbre orchestre ''Les Joyeux''_____la fête. Habitants jeunes et moins jeunes, venez nombreux pour votre plus grand plaisir apprécier cette formation qui nous promet une soirée exceptionnelle.

(être twice; animer, organiser)
"L'Independant"

17 The conditional tense

How to say what you **would** do . . . if . . .

The conditional tense is formed by adding the endings of the **imperfect** tense to the *future* stem of the verb, e.g., je choisi*rais* — I **would** choose, ils voudr*aient* — they **would** like, etc.

A Look at the page taken from Stéphanie's diary, then answer the questions.

27 Lundi	*réservation au restaurant (téléphoner pour confirmer?)*	
28 Mardi	*Anniversaire de maman restaurant chinois*	
29 Mercredi	*Sports au collège, ne pas oublier raquette*	*Superman 3 Cinéma Rex 20h.30 ??*
30 Jeudi	*Examen d'histoire 9h — 12h.*	*Examen d'anglais 14h — 17h.*
1 Vendredi	*Concours de l'Eurovision 20h.? Discothèque au club 18 rue d'Anjou*	
2 Samedi	*Surprise partie 21h chez Philippe (Anniversaire de Philippe cadeau??)*	
3 Dimanche	*grand-père*	

Si vous étiez à la place de Stéphanie, que feriez-vous?

1 lundi
2 mardi matin
3 mardi soir
4 pour éviter d'oublier votre raquette, mardi avant de vous coucher
5 mercredi soir
6 et aussi mercredi soir
7 jeudi soir
8 vendredi soir
9 samedi
10 samedi
11 dimanche

E.g. 1 Lundi je réserverais une table dans mon restaurant favori (un restaurant chinois) puis je t____ais pour confirmer la réservation. 2. . .

Here are the infinitives of the verbs you can use and some extra words to help you:

acheter (un cadeau); donner (des fleurs); aller au restaurant; mettre (la raquette près du . . .) aller (au cinéma) faire (des révisions) se coucher (de bonne heure?) regarder (la télé) aller (à la discothèque) acheter (un cadeau) aller (chez qui?)

The conditional perfect tense

How to say what you **would have done**. if

The conditional perfect tense is formed, as you might expect, by using the conditional tense of avoir or être with the past participle of the verb concerned, e.g.,

il *aurait refusé* = he **would have refused**
elles *seraient parties* = they **would have gone**

The same rules of agreement apply as in other compound tenses.

B If the following two people had been faced with a similar situation on their way to work, how **would they have** reacted?

Gabriel aurait ri; Paul aurait juré.
Gabriel would have laughed, Paul would have sworn.

Gabriel Dufresne   Paul Lemercier

Qu'est-ce que Paul aurait fait?
Qu'est-ce Gabriel aurait fait?

1,2 . . . pour se rendre à la gare?

3,4 . . . au café de la gare?

5,6 . . . au kiosque?

7,8 . . . au guichet 'destination banlieue'?

9,10 . . . A l'arrivée à Asnières?

The verbs to be used in the conditional perfect tense are: prendre; aller; acheter; manger; boire; choisir; demander un billet (ou un verre d'eau); courir; héler un taxi; regarder.

Si

C Si vous aviez le choix que feriez-vous?

Si j'avais le choix, je choisirais un livre. = . . . I would choose a book.

1 toi? (prendre)

2 et votre père/mère? (boire)

3 et vos meilleurs amis? (préférer)

4 Vous et vos amis?
(pour les vacances?) (aller)

5 Rendez-vous 6h. (je) (venir)

ARRIVÉE 5h.55   ARRIVÉE 5h.30

Si elle avait su, qu'est-ce qu'elle aurait fait?

Si elle avait su, elle serait partie tout de suite. =
If she had known, she would have set off
immediately

6 (retenir des places)

7 (arriver plus tôt)

8 (apporter des sandwiches)

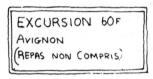

9 (venir)

10 (se lever)

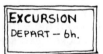

Si . . . some more about wishful thinking

(See page 92, 102 for *si*.)

D Can you complete the following sentences
by using either the imperfect or pluperfect tense
of a verb after *si* (if). The people concerned are
indulging in wishful thinking. Events turned out
rather differently in some cases, but it could
have all been so different **if** . . . e.g.,

Si j'avais (avoir) assez d'argent, j'achèterais cette
auto.
If I had enough money, I would buy this car.
S'il avait su (savoir) cela, il n'aurait pas invité
Xavier.
If he had known that, he would not have invited
Xavier.

1 Si . . . (avoir) une voiture, je pourrais
  t'emmener à la gare moi-même!
2 Si . . . (aller) le voir à l'hôpital, il serait très
  heureux.
3 Si . . . (expliquer) votre problème, on ne se
  seraient pas disputés pour si peu!
4 Si vous (ne pas casser) mon appareil,
  j'aurais pris des photos aujourd'hui.
5 Si on . . . (apporter) . . . un magnétophone,
  on aurait écouté des cassettes au lieu de
  s'ennuyer!

Can you now complete the following
sentences by using either the conditional or
conditional perfect tense of the verb:

6 They would have had a swim (nager) s'ils
  avaient apporté leur maillot de bain.
7 I would have never gone away (partir) si tu
  m'avais dit que tu m'aimais!
8 Ce n'est pas grave: si j'avais vraiment mal,
  I'd go to the doctor. (aller)
9 Si vous étiez venus, you would have
  enjoyed yourselves! (s'amuser)
10 Si John n'avait pas perdu son passeport, we
   wouldn't have stayed in Folkestone. (rester)

Extra

Polite expressions

E If you want to ask for things very politely,
you will find yourself using the conditional tense.
How would you tell your French-speaking hosts:

1 That you would like to eat something.
  (vouloir manger)
2 That you would like to visit the château.
  (aimer visiter)
3 That you would prefer well-cooked meat,
  please. (préférer la viande bien cuite)
4 That you would be very glad to go to the
  pictures. (être content de)
5 That it would embarrass you . . . (gêner)
6 That you would like to have a bath. (vouloir
  prendre)

You can be polite about their mistakes. How
would you say:

7 That you would have rather had tea,
  (préférer), but it doesn't matter, you like
  coffee too.

You can be ever so grateful! How would you say:

8 Thank you, I would never have dared on my own! (oser tout seul)
9 That without them, you would not have been able to do that. (pouvoir)

10 That without their map, you would have got lost. (s'égarer)

Extra

Would, could, should, problems

Vouloir, pouvoir, devoir, etc. See also page 83.

Would, **could** and **should** cause us problems **not** because the French is unduly complicated, but because our own language is very complicated. It would be tempting to try to gloss over these problems by developing a strategic cough every time a would, could, should . . . cropped up, (and what about **must** and **ought**?)

F The first thing to sort out is the tense we mean in English. What tenses are the following: present, past (imperfect, perfect, etc.), future or conditional?

1 Next year we **must** do better.
2 I **must** go now.
3 He **must have** worked very hard.
4 He said he **would** phone.
5 He **would** phone every Saturday.
6 She said she **could** help if we wanted her to.
7 He **could** sing quite well when he was young.

8 She **might** help.
9 He **may** turn up.
10 When you arrive in France next Tuesday, you **may** find it's rather busy in Calais, but this **ought** not to be a problem if your pupils are well organised.

Some suggestions about the tenses are given upside down at the foot of the page.

G One could go on. However, once you have sorted out the tense in English, the French will seem quite logical. How would you say the following in French using either the conditional or conditional perfect tense:

Vouloir
I would like to thank you.
I would like some coffee, please.
I would have liked to speak to the warden.
He would have liked to stay here longer.

Pouvoir
He could accompany us.
We could go on an excursion. (faire une excursion)
I could take the bus, I suppose.
They might have told us!
Would you be able to help?

Devoir
We ought to get back.
We (on) should say thank you to the concierge.
I ought to have brought more money.
They should have booked two seats.
In that case, we would have to leave now.

Falloir (il faut)
One would have to cross Paris.
We'd have to hire a car to get there.
We would (on) have had to ask his permission first.

Valoir (il vaut)
What do these mean?
Il vaudrait mieux faire le tour à pied.
Il aurait mieux valu prendre un taxi.
Il vaudrait mieux suivre le petit chemin à gauche.

Answer to the tense problem: 1 future
2 present 3 perfect 4 conditional
5 imperfect 6 conditional 7 imperfect
8 conditional 9 present 10 conditional

108

Extra

Would have, could have, should have, ought to have problems

H Can you complete this letter of apology by using the verbs given below? Owing to a car breakdown, the family missed their friend's wedding.

Cher Monsieur et Madame Dubarre,

Merci beaucoup pour la jolie photo. On_____ _____être là. Mais comme vous le savez, il y a eu cette fâcheuse panne de voiture! On_____ _____partir plus tôt le matin, et comme ça on_____ _____être sûr d'avoir le temps de prendre le train à la gare quand la voiture est tombée en panne! (En effet, il y avait une gare à 6 kilomètres de là) Nous n'_____pas_____ attendre le mécanicien!

Qu'est-ce que j'_____ _____voir la belle mariée avec sa magnifique robe! Et Patrick _____ _____faire la connaissance des beaux-parents qu'il n'a jamais rencontrés! Patricia et Yves_____ _____filmer et enregistrer toute la cérémonie avec leur nouvel appareil vidéo! Et dire qu'on_____ _____danser jusqu'à l'aube après le mariage! Je n'_____jamais _____accepter de voyager dans cette vieille bagnole! On_____ _____s'attendre à ce qu'il nous arrive quelque chose comme ça, puisque la voiture tombe si souvent en panne!

auraient pu/aurait voulu/aurions dû/aurait dû/aurais jamais dû/aurait dû/aurait pu/aurait voulu/aurais voulu

Vocabulary	
une bagnole	an old car

Using the future and conditional tenses

You will probably find that you use the future and conditional tenses most when writing letters to French speaking friends, or when booking holidays abroad. You will also come across the future tense a lot in letters received from French-speaking countries, and this will, of course, include Africa and North America as well as Europe.

I The following is a letter received by an English girl who had been living in Paris for four months. A French family living in the south of France wrote inviting her to stay with them over Easter. Can you copy the letter and write in the correct form of the ten future tense verbs, (the infinitives are given you at the end of the letter) and thereby reconstruct the original letter.

There is one instance where Madame uses a **conditional** sentence with a verb in the conditional tense. Can you write this sentence out in full and say what it means in English?

---

le 14 mars

Chère Jennifer,

Je reçois à l'instant votre lettre et je m'empresse de vous dire que ce_____une joie pour nous de vous recevoir prochainement.

Puisque vous_____en vacances à partir du 22, vous_____être ici le lendemain et vous _____avec nous les fêtes de Pâques. Vous devez avoir un train qui part de Paris le matin à 9 heures de la gare de Lyon. Il est direct jusqu'à Avignon, où il arrive à 16 heures. Nous_____à la gare pour vous attendre mais je vous conseille de louer votre place dès maintenant car la semaine prochaine les trains _____certainement très encombrés. Je (être) un peu inquiète si vous (voyager) de nuit.

Anne a été assez fatiguée la semaine dernière et doit arriver ces jours-ci pour une quinzaine de jours. Elle_____très heureuse d'être à Gigondas en même temps que vous, vous_____tout à fait connaissance et_____ vous revoir souvent à Paris par la suite.

Nous attendons maintenant la lettre qui nous_____votre arrivée, et au plaisir de vous revoir, je vous embrasse affectueusement,

Janine Meffre.

Vocabulary
s'empresser   to hurry, to hasten
encombré   crowded, packed

Verbs to be used: 1 — être; 2 — être; 3 — pouvoir; 4 — passer; 5 — être; 6 — être; 7 — être; 8 — faire; 9 — pouvoir; 10 — préciser.

Verbs to be used in the **conditional** sentence: être and voyager.

J The same family extended hospitality to Jennifer in the summer as well. Can you complete the enclosed letter which she received in June.

---

le 7 juin

Chère Jennifer,

Nous_____ravis de vous revoir le 19 juin et_____vous attendre en gare d'Orange à l'heure que vous nous_____. Vous_____très vite bronzée après quelques bains de soleil sur la terrasse de la chambre de Denise ou de celle de Bernadette. Nous_____de faire quelques jolies promenades quand vous_____là, et nous nous_____de rendre votre séjour agréable.

Denise est ravie de vous avoir un peu avec elle. Les examens_____terminés, tout le monde_____beaucoup plus détendu que pour les vacances de Pâques qui sont toujours un peu assombries par la perspective des examens. Je_____à Denise ce soir et lui_____votre prochaine visite, ce qui lui_____un grand plaisir. Gérard, qui a énormément de travail pour la préparation de son examen_____aussi en juin. Il me charge de vous transmettre toutes ses amitiés.

Lorsque vous_____à vos parents, transmettez-leur nos meilleurs sentiments. Nous espérons qu'ils_____notre invitation de venir camper soit à Vaudieu soit à St. Jean. Dans l'attente de vous revoir tous ici, et de recevoir de vos nouvelles,
Je vous embrasse affectueusement,
Janine Meffre.

Vocabulary
assombri   overshadowed
soit . . . soir   either . . . or

Verbs to use in the **future** tense:
1 — être; 2 — aller; 3 — indiquer; 4 — être; 5 — tâcher(de); 6 — être; 7 — s'efforcer (de); 8 — être; 9 — être; 10 — téléphoner; 11 — annoncer; 12 — faire; 13 — venir; 14 — écrire; 15 — accepter.

Have you understood both these letters?
Can you say what they mean in English?

K   While Jennifer was in Paris, she was introduced to another French family who were about to lose their *au pair*, Catherine. This is the letter they wrote to Jennifer suggesting that she take over.

There are five verbs in the conditional tense: can you write them out in full?

---

le 9 juin

Chère Jennifer,

  Nous avons été contents de faire votre connaissance. J'attendais de savoir ce qu'allait faire Catherine pour vous écrire. Nous venons juste d'apprendre qu'elle ne pense pas revenir avant la fin du mois. Elle vient de passer ses examens et est partie à la campagne pour se reposer._____ — vous de la remplacer? Je_____même peut-être vous offrir de partager la chambre de Marie-Laure mais ce_____la moins bonne solution je crois. Si vous êtes intéressée, voulez-vous me téléphoner? Vous_____un soir à la maison pour que nous nous entendions. De toute façon nous_____heureux de vous revoir avant votre départ.
  J'espère avoir bientôt de vos nouvelles et vous envoie, Chère Jennifer, notre meilleur souvenir,

D. Forestier.

Verbs to use: accepter; pouvoir; être; venir; être.

Did you understand this letter? Can you say what it means in English?

L   Jennifer preferred the option of going to the south of France instead of looking after Mme Forestier's children in Paris. Can you write a courteous letter back saying the following: (Naturally, you would have done all the ground work before attempting to write a letter in French, and would have already looked up various words and phrases in a dictionary. They are listed below!)

Merci beaucoup pour votre gentille lettre . . .

1   You would have liked to replace Catherine if you did not have other plans.
2   Unfortunately, you will not be able to replace Catherine, because . . .
3   When the exams are over on June 18,
4   You will be going to Vaucluse where,
5   (if all goes well) you will spend a month with friends.
6   You will be working in the vineyards 4 days a week.
7   You hope that they will find someone else to replace Catherine.
8   Naturally you would like to see them again before your departure.
9   You could come on Saturday 14th June.
10 If Mme Forestier were free, you would come at about 3 p.m.

Verbs to use:
remplacer

avoir	espérer
pouvoir	trouver
être terminé	vouloir
aller	revoir
passer un mois	venir
travailler	être libre

Other vocabulary:

d'autres projets	other plans
malheureusement	unfortunately
les examens	the exams
dans le Vaucluse	to Vaucluse
chez des amis	at friends'
quatre jours par semaine	four days a week
quelqu'un d'autre	someone else
naturellement	naturally
mon départ	my departure
dans les vignobles	in the vineyards

18 Direct into indirect speech

How to report what happened. (See also the pluperfect tense page 88, Exercise B.)

Once you are familiar with all the tenses you can begin to talk about things quite confidently instead of limiting your conversation to short questions and answers. You can begin to recount what other people said or asked, or opinions they held in the same way that a newspaper reporter relates what people said or thought. In other words, you can use **indirect** speech instead of having to rely on **direct** speech all the time. Here is a short conversation in **direct** speech:

'Where are you going?' he asked.	'Où vas-tu?' a-t-il demandé.
'I don't really know,' she replied. 'I've finished my work and I want to go for a walk.'	'Je ne sais pas au juste,' a-t-elle répondu. 'J'ai fini mon travail et je veux faire une promenade.'
'Can I come with you?' he asked.	'Puis-je t'accompagner?' a-t-il demandé.
'Yes, that will be nice,' she replied.	'Oui, ce sera agréable,' a-t-elle répondu.

Now here is the same conversation in **indirect** speech:

He asked where **she was going**. She replied that **she did not really know, She had finished** her work and **wanted to go for a walk. He asked if he could** go with her and she replied (that) yes, **that would be** nice.

Il a demandé où *elle allait*. Elle a répondu qu'*elle ne savait pas* au juste. Elle *avait fini* son travail et *voulait* faire une promenade. Il a demandé s'*il pouvait* l'accompagner et elle a répondu *que oui*, ce *serait* agréable.

You will notice that the same tense has been used in French as in English, that is, that in moving from direct into indirect speech: the **present** tense has been changed into the **imperfect** tense; the **perfect** (and the **imperfect**) tenses move into the **pluperfect** tense; the **future** tense moves into the **conditional** tense.
You will also notice that *que* (that) is **never** left out as in English.

Also, beware! Do not confuse this *si* (whether, if) with the si used in conditional sentences. (See pages 92, 105 onwards.)
Finally, if you wish to say: 'he said yes' (or 'no') you must not leave out the *que*, e.g.,

Il a dit que oui, il pourrait venir.
He said (that) yes, he could come.

Can you put the following sentences into indirect speech, e.g., 'Tu pourras venir?' a-t-il demandé — *Il a demandé s'il pourrait venir.*

A
1 'Elle va prendre le train?' a-t-elle demandé.
2 'Tu veux sortir avec moi?' a-t-il demandé à Odile.
3 'Paul est rentré?' ont-ils demandé.
4 Il a demandé: 'Pourquoi est-ce que Janine n'est pas allée au marché?'
5 Elles ont demandé: 'Quand êtes-vous arrivé?'
6 Papa a demandé: 'Où est maman?'
7 'Pourquoi pleure-t-elle?' a demandé le professeur.

8 'Comment avez-vous brisé la fenêtre?' a demandé l'aubergiste.
9 'Comment allez-vous?' a demandé le médecin.
10 'Voulez-vous boire une tasse de café?' a demandé Mme Lafitte.

Remember: 'Qu'est-ce qui . . .' and 'Qu'est-ce que . . .' become *ce qui* and *ce que* in indirect speech. See page 46 relative pronouns, e.g., 'Qu'est-ce que c'est?' a-t-il demandé — Il a demandé ce que c'était.

'Qu'est-ce qui s'est passé?' a-t-il demandé.
Il a demandé *ce qui* s'était passé.

B Put into indirect speech:
1 'Qu'est-ce que vous faites?' a-t-il demandé.
2 'Qu'est-ce que vous dites?' a-t-elle demandé.
3 'Qu'est-ce que tu penses?' a demandé l'employé.
4 'Qu'est-ce qu'elle va écrire?' ai-je demandé.
5 'Qu'est-ce qu'il y a?' ai-je demandé.
6 'Qu'est-ce qui est arrivé?' avons-nous demandé.
7 'Qu'est-ce qui se trouve derrière le hangar?' a-t-il demandé.

8 'Qu'est-ce qui fait ce bruit?' a-t-il demandé.
9 'Qu'est-ce qu'il leur a dit? a-t-elle demandé.
10 'Qu'est-ce qui bouge derrière le rideau' a-t-elle demandé.

C Il a dit que . . . Put into indirect speech:
1 'Non,' a-t-il dit.
2 Il a répondu: 'Oui, je peux vous conduire à la gare.'
3 'Nous prendrons un taxi,' ont-ils dit.
4 Il a promis: 'Je vais parler avec les voisins demain.'
5 Mais tu as dit: 'J'aurai besoin de quarante mètres de corde pour faire cela.'

D Can you write the following in direct speech. Remember that after direct speech in inverted commas ('. . .') the verb of saying is inverted. (See previous exercises for examples.)

1 Il a demandé ce qu'elle allait faire pendant les vacances.
2 Elle a répondu que son père avait été fonctionnaire dans un bureau mais qu'il était sans emploi en ce moment.
3 Jacqueline a crié que non, elle ne voulait pas aller voir le directeur et qu'elle ne ferait pas ce qu'il avait demandé.

4 Nous avons expliqué que la chambre était trop petite et qu'il nous faudrait en trouver une autre.
5 Il lui a dit tendrement qu'il l'aimait.

19 The present participle

* The easy way to explain the reason why you did something
* The short way of saying 'on, while, in or by doing something'
* Another way to describe people and things

The present participle is one of the most useful structures to know. It is also very easy. In English, present participles end in: . . . **ing** (e.g., eating, hoping). In French they end in . . . **ant**. First find the 'nous' form of the present tense of the verb: do the same for all verbs, regular and irregular, e.g., nous prenons. Cross off the *ons* — pren~~ons~~; add *ant* prenant — taking. There are only three exceptions to this rule:

avoir . . . AYant (having)
être . . . ETant (being)
savoir . . . SACHant (knowing)

Extra

. . . as an adjective

1 The present participle can be used as an adjective. If it is used in this way, then it must agree with the noun it describes, e.g.,

les soucoupes volant*es* — the flying saucers.

A In the following sentences can you pick out the verb and use it to form an adjective with the present participle, e.g.,

On risque de *glisser* à cause du verglas sur la route.
Attention! la route est *glissante*!

1 Cela m'encourage beaucoup.
C'est . . .
2 Armé de son revolver le terroriste terrifiait tout le monde.
C'était . . . **or** La situation était . . .
3 Ce problème m'inquiète beaucoup.
C'est un problème . . .

4 Est-ce que les jeunes d'aujourd'hui obéissent à leurs parents?
Sont-ils . . .
5 Je suis supporter de l'équipe qui a gagné le match.
C'est mon équipe qui est la . . . J'en suis très content.

6 Beaucoup d'Anglais se passionnent pour le sport, n'est-ce pas?
Oui, en effet, pour eux le sport est . . .
7 On doit payer pour assister à la conférence?
Oui, c'est une conférence . . .
8 Le bruit de son transistor m'énerve!
Eh oui, c'est un bruit . . .
9 Les phares de la voiture ont ébloui le cycliste qui est tombé de sa bicyclette.
Les phares . . . sont un danger sur la route.
(éblouir = to dazzle)
10 La nouvelle du suicide du Président a bouleversé toute la population.
C'était une nouvelle . . .

Extra

. . . as a verb

2 You can use the present participle as a verb. When used as a verb, it does not, of course, agree with the noun, e.g.,

Déposant mes bagages, je suis allée me renseigner au guichet.
Putting down my luggage I went to find out at the ticket office.
Note the following examples:

Used with the negative:
Ne prenant *pas* de risques . . . (not taking any risks)
Used with reflexive pronouns:
Se dirigeant vers la sortie . . . (making his way to the exit)
Used with other pronouns:
Le prenant pour le directeur, je lui ai montré la lettre . . . (Taking him for the manager)

When you use the present participle in this way, you must make sure that it refers to the person who is the subject of the rest of the sentence. Used like this, the present participle can be a short way of describing what people (or things) are doing, particularly in **written** French. It can also be a short way of explaining the reason for one's actions.

B In the following sentences can you use a present participle instead of the words in italics, e.g.,

Martine *a hésité* un peu et a plongé dans l'eau froide.
Hésitant en peu, Martine a plongé dans l'eau froide.

1 *Il se rend* compte de son erreur et il s'excuse.
2 Nous sommes sortis *parce que nous ne voulions* pas déranger le patron.
3 *Puisqu'elle ne supporte* pas la chaleur, elle ne prend jamais de bains de soleil.
4 . . . mais il a oublié son portefeuille *qui contenait* ses chèques de voyage,
5 *Comme je ne peux* pas venir vous voir, j'ai décidé de vous téléphoner.
6 *Comme je ne connaissais* pas votre numéro de téléphone, je n'ai pas pu prendre contact.
7 Pascal, *qui n'avait* pas son passeport, n'a pas pu changer ses chèques de voyage.
8 Paul n'*était* pas présent à la dernière réunion, *donc* il ne sait pas exactement ce

qu'on a décidé. (N.B. If you use the present participle in this sentence, you don't need *donc*. Neither do you need *là* in the next sentence.)
9 *Nous nous arrêtons* devant la cathédrale; *là* nous prenons une photo.
10 *Comme je n'aime* pas l'alcool, je demande toujours un jus de fruit.

En and the present participle

C *En* with the present participle can mean **on doing** something, **by doing** something, **while doing** something or **in doing** something. So you can see that it can be used in explaining what you were doing at the same time as a particular activity, or why or how you did something.
In the following dialogues can you rewrite the answers using en with the present participle of the verb. The infinitive of the verb to use is given in brackets, e.g.,

Quand avez-vous vu le voisin?

Pendant que je regardais par la fenêtre. (regarder)

Answer: En regardant par la fenêtre

1 Comment fait-on marcher cet appareil?
Il faut appuyer sur le bouton ici, voilà. (appuyer)

2 Comment ça marche, ce distributeur automatique?
On doit introduire une pièce de 5 francs dans la fente. (introduire)

3 Comment s'est elle cassé le doigt?
. . . pendant qu'elle faisait du judo! (faire)

4 Comment puis-je m'inscrire à ce cours de français?
Vous devrez nous écrire ou venir directement au bureau. (écrire; venir)

5 Quand est-ce que vous faites vos achats d'habitude?
Le soir quand je sors du bureau. (sortir)

115

In the next five dialogues, can you insert *comment*, or *quand*, so that the questions match the answers given. Then say what the answers mean.

6 _____ allez-vous préparer votre examen si vous manquez les cours?

En étudiant chez moi, bien sûr!

7 _____ est-ce que tu fais du yoga?

Tous les matins en me levant.

8 _____ avez-vous vu M. Blanchard pour la dernière fois?

Jeudi soir vers huit heures en quittant mon appartement.

9 _____ peut-on être sûr d'avoir une place?

En payant un supplément de six francs on peut réserver une place.

10 _____ tu as pu changer de chambre?

En me plaignant à la directrice du foyer.

Extra

D Can you answer the following questions about yourself using a present participle in your answer.

1 Comment vous relaxez-vous le soir?
2 Comment aidez-vous vos parents à la maison?
3 Comment est-ce que vous fêtez l'anniversaire de vos amis ou de vos parents?
4 Si vous voulez voir vos amis, comment est-ce que vous prenez contact avec eux?
5 Si votre ami/vos parents est/sont furieux contre vous, (vous avez cassé un disque préféré, par exemple) comment est-ce que vous le/les calmer?

Extra

E Can you work out what the following sentences mean?

1 'Il faut que je vous laisse,' dit-il en s'excusant.
2 'Merci,' dit-elle en souriant.
3 Il a écrit une lettre en expliquant la raison de son absence.
4 Ecrivez-moi en indiquant l'heure de votre arrivée à l'aéroport.
5 Jean est entré en courant dans le commissariat.
6 Le patron est sorti en courant.
7 On est descendu en courant.
8 Les adolescents sont partis en courant.

How would you say:

9 The 'moniteur' ran upstairs. (monter)
10 The lady ran in. (rentrer)

Extra

Participle problems

F Some past participles have to be translated by a present participle in English. With the help of the infinitives given at the end of this exercise, can you sort out what these sentences mean in English? Remember that *debout* (standing) is a special case! It is not a participle at all, but an adverb in French. (See glossary at the beginning of the book) so its spelling does not change.

1 Il était *assis* sur le banc.
2 Le bébé est *couché* dans son petit lit.
3 Regardez ce joli portrait *accroché* au mur!
4 Les touristes, *allongés* sur le sable, prennent un bain de soleil.
5 *Appuyée* sur mon épaule, elle a marché lentement vers la voiture.
6 *Penchée* sur le livre, elle a copié tout le texte.
7 *Agenouillé* devant le petit garçon blessé, le médecin l'a examiné.
8 Il y avait beaucoup de saucissons *suspendus* derrière le comptoir de la charcuterie.
9 Nous étions *assises en train de lire* le journal.
10 Le patron était *debout* à la porte.

Beware!
To refresh your memory, how would you say:
1 He is eating. 2 We were waiting. 3 They are talking. *Looking at no. 9 above, how would you say:* 4 He is sitting smoking his pipe.
5 She is sitting writing a letter (The answers are below.)

s'asseoir	to sit;
se coucher	to lie down;
se pencher	to lean (over);
s'appuyer	to lean (against);
s'agenouiller	to kneel;
être allongé	to stretch out, to lie;
suspendre	to hang (down);
s'accrocher	to hang on, to be hooked onto

Answers to "Beware!" 1 Il mange. 2 Nous attendions. 3 Ils parlent. 4 Il est assis en train de fumer sa pipe. 5 Elle est assise en train d'écrire une lettre.

Extra

The present and the past participles together

G In the following page from a newspaper, all the participles have been left for you to fill in. The infinitive of the verb is given, as well as some vocabulary.

These extracts are based on articles from La Marseillaise, Le Figaro, and Vendredi Samedi Dimanche.

Vocabulary	
accroître	to increase
s'effondrer	to collapse
lustrer	to make shiny
une mauvaise herbe	a weed
au niveau du repos	as far as rest is concerned
à plusieurs reprises	several times
une poignée	a handful
un pot d'échappement aménagé	an adjusted silencer
ramper	to creep
repasser	to iron
sanctionner	to punish, caution, fine

PRIS POUR UN CAMBRIOLEUR UN POLICIER BLESSE A NANTERRE

Monsieur François Simon (croire) à la présence de cambrioleurs dans la maison voisine a alerté le commissariat Central de Nanterre vendredi vers 9 heures 30, (indiquer) qu'il avait lui-même déjà été à plusieurs reprises victime de voleurs. Une patrouille de 4 policiers s'est rendue sur place, mais, alors qu'ils s'approchaient avec précaution de la grille du pavillon, M. Simon a tiré sur eux de sa fenêtre avec sa carabine américaine de calibre 7,62. Le policier Giller Arnaud s'est effondré. (S'apercevoir) de son erreur François Simon s'est alors rendu aux policiers. Le policier (souffrir) d'une blessure à la tête a été (transporter) à l'hôpital Henri Mendin dans un état (alarmer).

Samedi vers 20 heures un cyclo-motoriste, (circuler) sur la D 118 en direction d'Auziers-les-Bains a heurté pour une raison inconnue un panneau de signalisation.

Didier Antoine, 18 ans, d'Auziers-les-Bains, sérieusement (commotionner) et (souffrir) de plusieurs blessures a été (évacuer) sur la clinique Saint-Pierre par les sapeurs-pompiers de Limoux.

TRUCS

Savez-vous nettoyer l'intérieur d'une guitare? (Mettre) une poignée de riz, (secouer) et (répéter) l'opération plusieurs fois jusqu'à ce que le riz (tomber) de l'intérieur reste blanc.

*

Laissez les plantes (grimper) ramper sur le sol: (couvrir) le sol, ces plantes étouffent les mauvaises herbes et sont aussi décoratives!

*

Un trop long usage a lustré votre pantalon ou votre jupe? Voici un remède. Repassez-les sur l'envers à fer très chaud (mettre) un mouchoir (mouiller) d'eau vinaigrée. Terminez (repasser) normalement à l'endroit.

Si vous êtes (intéresser) par des trucs comme ça, écoutez Madame Truc sur Radio Monte-Carlo chaque matin à 9h. 15.

ATTENTION AU BRUIT

De trop nombreuses mobylettes (avoir) un pot d'échappement aménagé circulent tard le soir (faire) un bruit infernal. De nombreuses personnes se sont plaintes des perturbations que cela provoque au niveau du repos et du sommeil.

La tranquillité de tous doit être (respecter). Les excès de bruit ne seront pas (tolérer). Le service de police municipale a reçu l'ordre d'accroître sa surveillance le soir, et de sanctionner ceux qui par leur circulation trop fréquente font un bruit inacceptable.

Le droit à l'amusement pour les uns ne doit pas avoir pour conséquence la suppression de la tranquillité du plus grand nombre. Attention aux jeunes motocyclistes (circuler) tard le soir.

How to say: having done something

How to say: **having done** something.

It is possible to use *ayant*, étant and *s'étant* with the past participle to mean 'having done something . . .', etc. Again you must make sure that the person you are talking about is the subject of the sentence: that is, the same person is doing both actions, as in:

> Ayant mangé, ils ont fait la vaisselle.
> Having eaten, they did the washing up.
> (**They** ate and then **they** did the washing up).

If there are pronouns, they go in front of *ayant*, etc. If you are using étant (with verbs that take être) or s'étant (with reflexive verbs) the usual rules of agreement apply.

H   Using ayant, étant or s'étant + past participle can you rewrite the following sentences, e.g.,

Elle a fait ses devoirs et elle a regardé le télé.
Ayant fait ses devoirs, elle a regardé la télé.

1   *J'ai fini* mon travail et je suis sorti.
2   L'heure de la séance *a été confirmée*, et on est parti.
3   *Ils se sont réveillés* de bonne heure et ont pu prendre le car de sept heures.
4   *Comme ils s'étaient reposés* le matin, ils ont décidé de faire une promenade l'après-midi.
5   *J'ai oublié* mon petit plan et j'ai eu des difficultés à trouver votre appartement.

I   Here is a letter received by a school hoping to have a French *Assistante* join their teaching staff for a year. As you can see, they did not have much luck. Can you copy the letter and fill in the missing participles, **present** or **past**, and answer the two questions at the end of the letter. There is one case where you will have to use 'having done something . . .' as above.

Paris, le 23 août

Monsieur le Directeur,

Je me réfère par la présente au poste d'assistante française dans votre école. Comme vous le savez, je devais commencer mon travail à partir du 1er septembre pour une période de un an. Malheureusement j'ai le grand regret de vous faire savoir qu'à cause d'événements graves (1 — survenir), il ne me sera pas possible d'assumer mes responibilités à votre égard.

Les événements qui sont arrivés sont les (2 — suivre):- (3 — se rendre) à Londres fin juillet pour trouver un logement, (car il ne m'était pas possible d'habiter avec la famille que vous m'aviez proposée parce que je n'étais pas seule à Londres) j'ai eu beaucoup de difficultés à trouver un appartement. Finalement vers le 10 août, après avoir vu une annonce qui me paraissait (4 — satisfaire) je suis allée voir la personne qui avait passé cette annonce. Mais il s'est trouvé que cette personne avec laquelle j'avais pris rendez-vous, et à qui j'avais donné l'argent nécessaire, n'était qu'un escroc.

Je me suis rendue au commissariat de police (Finsbury Park Police Station). Une enquête a été faite, mais après avoir perdu tout mon argent, je me suis vue dans l'obligation de rentrer à Paris chez mes parents.

Croyez Monsieur le Directeur que je suis plus que (5 — désoler) de ce qui arrive, premièrement parce que je me réjouissais de travailler dans votre école et deuxièmement parce que je me rends parfaitement compte du tort que toute cette histoire peut vous causer. J'espère que les explications que je vous ai fournies vous convaincront de ma bonne foi, car, croyez-moi, je suis vraiment (6 — navrer) et (7 — attrister) de tout ce qui arrive.

Veuillez croire Monsieur le Directeur à mes sentiments les plus respectueux

Dominique Gaudier

---

8   What could Dominique have written instead of 'après avoir vu' (line 17)?
9   What could she have written instead of 'après avoir perdu' (line 26)?
10   Is there any other instance when you could have used a participle, past or present?

J Can you now translate the letter into English?

> Some vocabulary to help you with Dominique's letter:
>
> | faire savoir | to let (you) know |
> | une annonce | an advertisement |
> | à partir de | from |
> | survenir | to happen, to occur (like venir) |
> | satisfaire | to satisfy (like faire) |
> | passer une annonce | to place an advertisement |
> | un escroc | a crook |
> | réjouir | to be glad |
> | le tort | inconvenience |
> | fournir | to provide |
> | convaincre | to convince |
> | navrer | to distress, to cause grief |
> | attrister | to sadden |

Une fois and the past participle

How to say: '**Once** it's done . . .'

This is similar to après avoir + past participle and also to ayant + past participle, etc., so please refer to pages 118, 120.
  You can use *une fois* with the past participle to mean 'once having done something . . .' **or** 'once something had been done . . .'
(a) With verbs taking être, including reflexives, you must make sure that the past participle refers to the person who is the subject of the main part of the sentence. The past participle is used here like an adjective. (See page 60 onwards.) E.g.,

Une fois rentr*és*, *ils* ont préparé le dîner.
Une fois rentr*ées, elles* ont préparé quelque chose à manger.

(b) With avoir verbs, the past participle is still used as an adjective, but it agrees with the **direct object** of a sentence as in: Une fois *leurs valises faites*, ils sont descendus. That is, *ils ont fait leurs valises* (direct object) et ils sont descendus. *Une fois leurs valises faites* means: 'once their suitcases (were) packed'.

K Can you use *une fois* + **past participle** to shorten these sentences:

1 Ils ont changé la roue et puis sont remontés en voiture.
2 Elle a écrit les cartes postales, puis elle a acheté des timbres.
3 Nous avons rempli le formulaire, et puis nous sommes retournés au guichet.
4 Le touriste a fini son repas et il est sorti de l'hôtel.
5 On a préparé les provisions, et puis on s'est mis en route.

It's all a question of time

Imagine you are reporting what the girls said in reply to your questions below. Use une fois, e.g.,

> Une fois entrées, elles ont cherché le guide.

6
Quand avez-vous raconté tout cela au guide du tour?

Quand nous sommes arrivées à l'hôtel nous avons parlé au guide.

7
Et vous avez pu trouver une table inoccupée à la terrasse . . .?

C'est ça — quand nous nous sommes habillées nous avons trouvé une table à la terrasse.

8
Et puis vous avez sans doute bu du café au lait bien chaud?

Exactement. Quand nous nous sommes assises à la terrasse, nous avons pu nous calmer un peu après les événements du matin.

9

Et alors?

C'est tout. Nous nous sommes reposées et nous avons vite oublié tous nos ennuis du matin!

10

Et votre ami Jean?

Bof! Lui, quand il est entré dans sa chambre il s'est couché tout de suite. Il dort toujours!

N.B. *Une fois que* can be used in the same way as quand, lorsque, dès que and aussitôt que with the pluperfect and future perfect tenses.

Après avoir/être/s'être + past participle

How to say: after having done something.

An interesting fact to remember!
All prepositions need to be followed by the infinitive of a verb. (The only exception is *en* which needs to be followed by the present participle.) This is a handy rule to remember. For example: *pour* mang*er*, *sans* hésit*er*, *avant de* part*ir*, décider *de* nag*er*.

The preposition *après* (after) also needs to be followed by an infinitive, and you can use it in the following way with the past participle:

Après avoir quitté le café . . . after leaving the
café . . .
Après être arrivée, Janine a raconté son aventure.
Après nous être levés, nous avons pris une douche.

With verbs that take être, the past participle must agree with the subject of the verb, and furthermore, with reflexive verbs, you must use the correct pronoun (me, te, se, vous, or nous) in front of the infinitive, as in the examples above. Après avoir, etc., must describe the same subject as in the main part of the sentence, e.g.,

Après avoir mangé, Hélène a bu un café noir.
(*Hélène a mangé* et *Hélène a bu* un café noir.)

L Can you answer the following questions using après avoir/être/s'être + past participle. You are given clues in the speech bubbles, and also the infinitive of the verb you have to use, e.g.,

Quand avez-vous téléphoné?

Quand j'ai fini de manger.
(manger)

Answer: *Après avoir mangé.*

1 (parler)

Quand avez-vous téléphoné?

Quand j'ai parlé à Monsieur Bernard, le voisin.

2 (préparer)

Vous avez remarqué la fenêtre brisée tout de suite en entrant dans l'appartement?

Non, on a d'abord préparé le déjeuner dans la cuisine et on a remarqué la fenêtre plus tard.

3 (se reposer)

Vous êtes tous repartis immédiatement après?

Non, d'abord nous nous sommes reposés un peu après ce long voyage.

4 (aller)

... on est d'abord allé chez le voisin pour lui demander s'il avait entendu quelqu'un, ensuite on a alerté le propriétaire. (aller)

Vous avez alerté le propriétaire tout de suite?

5 (monter.)

Monsieur Bernard est monté voir ce qui s'était passé, puis il nous a dit de téléphoner à la police.

Et ensuite?

Extra

M Can you use the same structure in the following conversation. Use it for the first action described in each sentence in the numbered speech bubbles.

Qu'est-ce que vous avez fait aujourd'hui?

1 Alors . . . d'abord on a visité le village de St. Guilhem-le-Désert et puis on est allé à la Grotte de Clamouse.

Ah bon. C'était intéressant, surtout pour Gervais et Nicole, n'est-ce pas?

2 Oui, bien sûr. C'était si pittoresque que quand nous sommes sortis de l'église nous avons décidé de prendre des photos du quartier.

3 Et puis, quand on a pris les photos on est allé acheter des souvenirs et de petits cadeaux.

4 Pendant ce temps-là Marie et Anne se sont reposées dans un petit café et puis elles se sont promenées de l'autre côté en direction du château.

. . . elles étudiaient le menu!

5 Nous les avons cherchées pendant une heure et enfin on les a retrouvées devant un petit restaurant . . .

Alors on a déjeuné dans ce restaurant et on n'est arrivé à la Grotte de Clamouse qu'à quatre heures et demie!

N Using après avoir/être/s'être + past participle can you write a full description of what Olivier and his English pen-friend did in Rouen. (If you prefer, you could write down a full description of what they **will do** during their stay at Rouen, still using après avoir, etc.) The verbs to use are marked with an asterisk (*).

Dimanche	départ 4 h. (partir* en car)	Arriver Rouen 20 h.
Lundi	*se promener dans l'ancienne ville	Faire des achats/ souvenirs
Mardi	*aller au musée	visiter la cathédrale
Mercredi	*faire le tour du port	visiter l'église St. Vivien
Jeudi	*Voir la Tour Jeanne d'Arc et la Place du Vieux Marché	Retour à la maison.
Vendredi		
Samedi		

20 Prepositions followed by the infinitive

Sans, pour, afin de, avant de, au lieu de

Sans . . . without, *pour* . . . in order to, *afin de* . . . in order to, and *avant de* . . . before, all need to be followed by the infinitive of the verb, e.g., Il faut courir *pour attraper* le train. (You'll have to run to catch the train.)

A Can you answer the following questions in order to complete the dialogue using *pour*, (or *afin de*, which means the same thing, but which is less common.) There are verbs at the end to help you, e.g.,

'Excuse-moi, Henri, s'il te plaît . . . as-tu un stylo?'

'Oui, pour quoi faire?' 'Pour faire mon devoir.'

1

'. . . et des allumettes?'

'Oui, pour quoi faire?'

'Pour . . .'

2

'. . . une petite casserole?'

'Oui, pour quoi faire?'

'Pour . . .'

3

'et du sparadrap?'

'Je crois que oui, pour quoi faire?'

'Pour . . .'

4

'. . . et du savon ou un peu de shampooing?'

'Bien sûr, pour quoi faire?'

'C'est pour . . .'

5

'Tu as du papier à lettres et une enveloppe?'

'Ah, je ne sais pas; c'est important?'

'C'est pour . . .'

6 'Je peux emprunter tes ciseaux?' 'Oui, pour quoi faire?' 'Pour . . .'

7 'Je peux emprunter du scotch?' 'Oui, pour quoi faire?' 'Pour . . .'

8 '. . . et 5 pièces de un franc?' 'Pour quoi faire? C'est urgent?' 'Pour . . .'

9 '. . . tu as une aiguille et du fil?' 'Ah non!' 'Mais c'est pour . . .'

10 'Tu as un timbre de 2 francs 10?' 'Ce n'est pas 2F 10 qu'il faut. C'est un franc 80 en France, pour une lettre.' 'Mais c'est pour. . .'

Henri: 'Je n'ai pas de timbres! Tu as fini maintenant? Tu commences à m'énerver!'

Some verbs to help you: acheter; couper; réparer; envoyer une lettre; se laver les cheveux; allumer le gaz; mettre (sur le doigt.); faire une omelette; écrire; téléphoner; attacher.

B Can you use *avant de* + infinitive **or** *après avoir* + past participle when answering the following questions. You must use at least four of each!

1 Quand buvez-vous du café en général?
2 Quand prenez-vous un bain?
3 Quand avez-vous envie de boire une limonade glacée?
4 Quand vous brossez-vous les dents?
5 Quand aimez-vous écouter des disques?
6 Quand avez-vous envie de vous relaxer ou de vous reposer?
7 Quand est-ce qu'il faut vérifier les pneus d'une voiture?
8 Quand a-t-on envie de prendre une douche?
9 Quand faut-il contracter une assurance contre tous les risques?
10 Quand regardez-vous la télévision d'habitude?

11 Quand faites-vous vos devoirs d'habitude?
12 Quand est-ce que c'est une bonne idée de préparer des sandwichs?
13 Quand est-ce qu'on fait une liste en général?
14 Quand est-ce qu'on peut demander une note dans un hôtel ou dans un magasin?
15 Quand boit-on un chocolat chaud, ou, en France, une tisane?

C Here is a list of things one normally has to do **before** going on to another activity. Can you write a complete sentence explaining what the next activity is, e.g., je dois laver la vaisselle *avant d'aller chez Véronique*.

1 Il faut fermer toutes les fenêtres . . .
2 Il faut régler son compte à la réception de l'hôtel . . .
3 Il faut confirmer l'heure du départ . . .
4 Je voudrais savoir tous les détails . . .
5 Nous voulons nous reposer . . .

Extra
D Check point. What do these mean? (See also page 20, negative with the infinitive.)

1 Elle est rentrée sans avoir pu trouver le chien.
2 Daniel est parti avant d'avoir expliqué la raison de son accès de colère.
3 Elle est sortie sans m'avoir parlé.
4 Il a été réprimandé par un agent pour avoir conduit sans permis de conduire.
5 Il est parti sans avoir jamais trouvé la réponse.

Sans with the infinitive

La directrice d'une auberge de jeunesse se plaint d'un jeune campeur anglais.

E The warden of a youth hostel/camp site had cause for complaint when a certain young English student stayed at a well known climbing and outdoor activity centre in the French Alps. Can you replace the words in italic with sans + infinitive of the verb, e.g.,

Il est parti *et n'a pas fait la vaisselle.*
Il est parti *sans faire la vaisselle.*

1 Il a laissé son transistor jouer à plein volume pendant tout son séjour *et il ne s'est pas soucié* du bruit qu'il faisait!
2 Il a conduit sa moto en sens interdit chaque fois qu'il est sorti du camping *et n'a pas fait attention* au panneau de signalisation: 'Entrée Interdite'.
3 Nous nous sommes tellement inquiétés pour lui un jour, que nous avons alerté la police! Il a fait une randonnée dans la montagne tout seul *et il ne nous l'a pas dit!*
4 Et vous savez, un jour il a pratiqué la spéléologie tout seul, *et il n'avait pas contracté* d'assurance contre les accidents.
5 Et enfin, quand il est parti (*et il n'a pas payé* l'emplacement de sa tente) il a laissé quinze bouteilles vides et des cartons sur le gazon.

Vocabulary	
s'inquiéter pour	to worry about
la spéléologie	caving, pot-holing
contracter une assurance	to take out an insurance (against)

F *Au lieu de* (instead of) like other prepositions, is followed by the infinitive of the verb. Can you use *au lieu de* + the infinitive instead of the words in italic. E.g.,

> Mangez! *Ne parlez pas les enfants!*
> Mangez *au lieu de parler!*

Amis Touristes Anglais!
1   Respectez le repos des autres!
    N'allumez vos transistors!
2   Respectez les panneaux de signalisation.
    Lisez-les deux ou trois fois *et ne croyez pas* que ce n'est pas important!
3   Faites une randonnée dans la montagne en groupe *et ne partez pas seul*!
4   Avant de pratiquer des sports dangereux, réfléchissez bien *et ne courez pas de risques*!
5   N'oubliez pas que les autres aussi sont en vacances! Respectez leur besoin de repos *et ne les obligez pas* à participer à vos distractions!

Pour . . . sans . . . afin de . . . avant de . . . with the infinitive.

Read the following account carefully. It tells of a disastrous weekend André organised (or rather failed to organise) at Carnon last year.

C'était André qui avait organisé le weekend à Carnon l'année dernière. Les examens étaient terminés, et on voulait s'amuser au bord de la mer. André avait loué un petit appartement à cinq minutes de la plage: il nous avait dit que c'était un peu rudimentaire, mais c'était bon marché. Nous étions 10 ou 12, et nous avons pris trois voitures. On allait organiser une surprise-partie le samedi soir. En arrivant, on a trouvé qu'il n'y avait pas l'électricité et il a fallu acheter une bouteille de gaz et un réchaud. Puis il a fallu acheter des ustensiles pour pouvoir préparer les repas. Nous avions apporté nos sacs de couchage, mais nous n'avions pas penser aux moustiques, et nous avons tous été piqués pendant la nuit. Samedi André, qui ne s'était pas protégé contre le soleil, a eu un coup de soleil. Enfin, on n'a pas pu écouter nos disques parce qu'il n'y avait pas l'électricité, et on n'avait pas apporté de cassettes pour le petit magnétophone de Dominique.

Cette année on a loué le même appartement, parce que ce n'est pas cher. Mais on s'est mieux organisé.

G Using the information given on André's list, can you complete the following dialogues using either *pour, sans, afin de* or *avant de* in each speech bubble.

Vendredi 16 Weekend à Carnon
1 *7h.15* Hit-parade. enregistrer pour Carnon. cassette. *9h.15 cinéma avec Xavier!! magnétophone d'Adèle.

2 allumettes — réchaud à gaz!
3 Ambre-solaire/crème Nivéa? attention-coups de soleil!
4 fer à repasser — chemises/pantalon
5 Insecticide, crème antiseptique — attention piqûres de moustique!

* N.B. préparer pique-nique samedi avant départ — se lever 6 heures!

127

Dis, tu as une boîte d'allumettes que je peux emprunter?

Pour quoi faire?

5

Mais demain matin je dois . . . Je te rembourserai, je te promets.

Mais tu auras le temps d'acheter des allumettes demain matin. On ne part qu'à neuf heures.

6

Tu n'aurais pas de crème anti-moustique?

Bon. Ça va, voici des allumettes.

Pourquoi?

7

Ah, oui, tu as raison. Merci Adèle.

N'oublie pas aussi de te protéger contre les coups de soleil! Tu te rappelles l'année dernière?

Samedi 17 juillet   Carnon   Les amis arrivent à l'appartement.

Eh, la bouteille de gaz est vide! Tu ne l'as pas examinée au magasin?

8   Oh là là, je l'ai prise . . .

Et puis tu as apporté des cassettes, mais tu n'as pas apporté de magnéto-phone!

9   Mon dieu! c'est vrai. Je suis sorti . . . Tant pis. Si vous avez fini de vous plaindre, je vais prendre ma première photo. Tu me passes mon appareil, Xavier?

Mais tu ne l'as pas mis dans la voiture!

10   Mais si. Regarde bien. Ce n'est pas possible que je sois parti . . . dans le coffre.

Extra

H Using the information on André's list as well as in the two dialogues, can you write a brief account in the *passé composé* of what André did on Friday 16, July.

Extra

I Répondez aux questions, s'il vous plaît:

1   Quand André aurait-il dû réfléchir pour ne pas vexer Arlette?
2   Quand est-ce qu'il aurait dû examiner la bouteille de gaz?
3   Pourquoi est-ce qu'il aurait dû apporter le magnétophone?)
4   Quand aurait-il dû bien regarder dans le coffre?
5   Qu'est-ce qu'il faudra faire pour être sûr de passer un bon weekend à Carnon l'année prochaine?

Extra

Trop . . . pour   Assez . . . pour

too . . . to   . . . enough to
Look at the following examples:

Il est assez intelligent *pour comprendre cela*!
He's intelligent **enough to understand that**!
Tu es *trop* jeune *pour aller* voir ce genre de film!
You're **too** young **to see** that sort of film.

J   Now . . . How would you say:

1   that you are too tired to walk to town, can you take the bus?
2   that it is too cold to swim.

3   that it is too hot to play tennis.
4   that you do not have enough money to buy those sandals.
5   that he is too old to take part in the race.
6   that we have enough bread to make some sandwiches.

7   that there is not enough time to have a coffee.
8   that she is too sad to go to the pictures.
9   that you don't have enough patience to wait.
10   that you are too tired to dance.

Verbs with prepositions before the infinitive and verbs that need no preposition

It is sometimes easy to find rules to help yourself remember which preposition comes after a certain verb or adjective. More often than not, however, this is a question of practice, and by speaking, reading or listening to French one gradually learns all the different prepositions to use.

With verbs there are certain rules which can help you to remember whether to use no preposition at all, or whether to use *à* or *de* before the infinitive. But one important fact is that the second verb will always be in the infinitive e.g.,

Je voudrais *aller* au marché.
Il a décidé de *prendre* un citron pressé.
Ils ont commencé à *manger*.

You will remember (see page 120) that all prepositions except *en* need to be followed by the infinitive of a verb.

1   Certain verbs do not need *à* or *de*. These include the verbs (sometimes called 'modal verbs') vouloir, pouvoir, devoir (see pages 79–83). Other verbs like *aller* and *savoir*, and also *il faut*, need no preposition.

Certain verbs of 'motion' do not always need a preposition, e.g., courir, venir, descendre, aller chercher.

Voir, sentir and entendre (to see, feel and hear) need no preposition.

Other common verbs: préférer, espérer, penser, oser, désirer, laisser, il vaut mieux.

You will notice that these verbs are ones you are likely to use rather a lot and maybe this is one reason why one does not have to bother to use *à* or *de* with them.

Verbs taking à before an infinitive

2 The following verbs take *à* before an infinitive:

aider quelqu'un à faire	to help to
*apprendre à	*to learn to
commencer à	to begin to
continuer à	to continue to
inviter quelqu'un à	to invite someone to
passer son temps à	to spend time
réussir à	to manage to
être prêt à	to be ready to
avoir (quelque chose) à faire	to have (something) to do

* apprendre can also mean to teach (teaching is a two-way process!) apprendre *à* quelqu'un *à* faire quelque chose — to teach someone to do something

Verbs taking de before an infinitive

3 The following common verbs need *de* before an infinitive:

finir de	to finish
*décider de	to decide to
essayer de	to try to
oublier de	to forget to
regretter de	to be sorry to
refuser de	to refuse to
se dépêcher de	to hurry up and
persuader quelqu'un de	to persuade somebody to

* There is another similar verb *se* décider *à* . . ., which means to 'make up your mind to'

4 Some verbs are used when you are **telling** someone or **asking** someone to do something. Since you are talking **to** the person concerned, then you must use *à* in front of the person's name: *de* is needed in front of the infinitive.

commander à quelqu'un de faire quelque chose	to order someone to do something
ordonner à quelqu'un de	to order someone to
dire à quelqu'un de	to tell someone to
demander à quelqu'un de	to ask someone to
promettre à quelqu'un de	to promise someone to
permettre à quelqu'un de	to allow someone to

défendre à quelqu'un de	to forbid someone to

But remember:
apprendre *à* quelqu'un *à* (to teach someone to)

5 Remember: *payer* means to pay **for**; *chercher* means to look **for**; *attendre* means to wait **for**.

In the following extracts you will find that you will have to work out whether there has to be a preposition after the verb, and if so, whether it is à or de. There are other things to think about as well, so beware!

K There are five verbs to think about.

Coiffy, le 20 juillet

Chère Alison,

Depuis le 1er juillet, comme convenu, je fais mon stage au laboratoire. C'est dans l'ensemble moins bien que je l'avais espéré mais l'essentiel est d'apprendre beaucoup de choses et d'essayer_____faire des progrès. Il y a trois hommes dans ce laboratoire dont un, âgé de 28 ans, qui est mon professeur. Il est assez sympathique mais dans l'ensemble il est sévère et parfois dur. Au début j'ai fait beaucoup de fautes et puis ça s'est arrangé petit à petit. Le stage m'apprend_____avoir de la patience. Je pars de la maison tous les matins à 8 h, prends le métro car c'est loin, arrive à 9 h, reviens_____prendre mon repas à midi et rentre le soir à 19h.30. Tu vois, je suis très occupée et ai très peu de temps de libre mais, malgré tout, j'ai le temps_____avoir parfois le cafard et souvent des regrets. Ma nouvelle chambre au 7 ième est petite mais agréable; j'aperçois la Tour Eiffel et il y a moins de bruit que dans l'autre, ce qui me permet_____mieux dormir. Le foyer est plein d'Américaines qui sont sympathiques mais un peu indifférentes, comme tout le monde d'ailleurs. Le 31 juillet je pars chez mes parents à la campagne et j'y passerai au moins le mois d'août. Peut-être que je reviendrai _____faire un stage à Paris pendant le mois de septembre.

Je te souhaite un bon séjour en Allemagne,
amicalement,
Jeanne

L There are 11 different verbs to think about, though three of the verbs are used twice. You also score a point for using the correct pronoun in front of *téléphoner* in the third sentence.

Sue Excuse-moi, Nicole, tu peux m'aider? J'ai démandé_____Claude me montrer comment utiliser le téléphone, mais je n'ai pas très bien compris. J'ai promis_____mes parents_____téléphoner ce soir. Tu peux venir à la cabine téléphonique avec moi?

Nicole Bien sûr! Tu as de la monnaie?

Sue Oui, Claude m'a dit_____garder des pièces de un franc et de 5 francs pour téléphoner en Angleterre. Et je sais qu'il faut composer le numéro 19 . . .

Nicole: Bon, un instant. J'ai juste_____finir _____repasser mon pantalon puis je serai prête. Tu vas leur parler en français, à tes parents, je suppose!

Sue Tu plaisantes! Il ne faut pas exagérer quand même!

Nicole Oui, je plaisante. Tout de même, en France on doit parler français autant que possible. C'est comme ça qu'on fait des progrès. Et ce soir à la discothèque je défendrai_____ Michel et Sheila_____te parler anglais!

Sue Ça va être très difficile; d'ailleurs c'est un peu ridicule puisque nous nous parlons toujours en anglais. Tu vas quand même permettre_____ des Anglais_____se parler en anglais, non?

Nicole Mais vous serez avec nous, et en France entre Français on parle français. Tu vas me promettre_____ne pas parler anglais; tu verras, ce sera rigolo, on s'amusera. Et puis, j'ai déjà dit_____Michel_____parler français toute la soirée. Je te propose_____faire de même!

Sue D'accord. Mais n'oublie pas_____inviter Yves et son copain Luc_____nous accompagner au concert de jazz vendredi. On y va maintenant? Je dois téléphoner_____mes parents avant neuf heures et quart.

131

M   There are 15 different verbs to deal with.

— Tu es prête, Sylvette? On descend_____ déjeuner au restaurant?

— Non, je ne suis pas prête. Je cherche la clef de ma chambre. Je ne sais pas où je l'ai mise. Si tu préfères_____descendre sans moi. . .

— Mais non; je vais t'aider_____chercher ta clef. Quel désordre!

— La chambre est en désordre parce que ce matin j'ai commencé_____faire ma valise, et j'ai mis mes affaires un peu partout.

— Il faut que moi, aussi, je me décide_____ranger mes affaires. Dis, tu es déjà sortie ce matin?

— Oui, je suis déjà descendue_____chercher mon courrier.

— Ah bon. Alors, toi, tu continues_____chercher dans la chambre. Moi, je vais voir si tu as laissé la clef dans la loge ce matin. Si je ne suis pas de retour dans trois minutes, dépêche-toi_____descendre. Tu sauras que j'aurai trouvé la clef.

— D'accord. Merci bien Anne, tu es gentille.

Au premier étage du foyer:

— Eh, Anne. J'attends Sylvette depuis dix minutes. Tu l'as vue ce matin?
— Oui, elle cherche la clef de sa chambre. Elle a décidé_____mettre un peu d'ordre dans sa chambre ce matin, et elle a perdu sa clef!

— Ah, demande à la concierge! Je l'ai entendu parler d'une clef que quelqu'un avait laissée près du téléphone. Ç'est peut-être celle d'Anne!

— Ah merci! Je cours_____voir. Toi, tu devrais monter_____dire_____Sylvette_____venir au restaurant.

There are 20 things to think about in Exercises N and O.

N

Client Je désire_____parler au directeur, s'il vous plaît.

Employé Je regrette *de* vous informer que Monsieur Joubert n'est pas là. Je peux faire quelque chose pour vous?

Client J'avais espéré_____voir Monsieur Joubert. C'est à propos de mon passeport. A la réception Madame Martin refuse *de* me le rendre. Elle dit qu'elle n'ose pas_____rendre le passeport sans le consentement de Monsieur Joubert. Mais c'est absurde. Ce passeport est à moi!

Employé Vous avez déjà réglé votre note à la réception? On ne rend le passeport que quand on a payé_____la chambre.

Client Non, pas encore. Je n'ai pas assez d'argent, il faut que j'encaisse des chèques de voyage à la banque, mais je ne peux pas le faire sans mon passeport.

Employé Oh, ce n'est qu'un petit malentendu. Calmez-vous, Monsieur Smith, on va parler à Madame Martin.

O

— Alors, vous pensez_____venir avec nous _____faire de la planche à voile en Bretagne ce weekend?

— Pour ma part, j'aimerais_____venir, mais je n'ai pas encore réussi *à* persuader *de* François *de* venir. Il passe tout son temps *à* enregistrer des disques sur cassettes et *à* s'amuser avec son nouveau magnétoscope. Je l'ai vu_____s'occuper de cette nouvelle machine toute la journée hier! Il n'a guère eu le temps de manger!

— Essaie *de* *de* convaincre!

— Je vais faire de mon mieux. Mais, une fois qu'il a une idée dans la tête il vaut mieux_____le laisser_____faire ce qu'il veut!

— Mais tu peux_____proposer *d'* apporter son magnétoscope avec lui.

In Exercises P and Q there are 10 prepositions and things to think about.

P

— Excusez-moi_____vous déranger, Monsieur Blanchard, mais pouvez-vous me recommander un bon restaurant près d'ici? C'est l'anniversaire de ma femme, et nous ne voulons pas manger dans la caravane ce soir.

— Un bon restaurant . . . pas loin d'ici . . . ah oui, il y a le "Grand Moulin", rue Dégas, mais j'hésite_____recommander celui-là parce que c'est assez cher. Je me rappelle_____avoir vu un nouveau restaurant italien sur la place Louis Pasteur.

— Nous préférons_____aller dans un restaurant français.

— Voyons . . . un bon restaurant . . . ah oui, il y a "Chez Antoine" Boulevard Henri IV. C'est un restaurant très fréquenté. Mais je vous recommande_____réserver une table d'avance, sinon vous risquez_____ne pas pouvoir y dîner, car il y a toujours beaucoup de monde.

Q

— Bonjour mademoiselle . . . ça va? Vous êtes anglaise? On se connaît, non?

— Non, allez-vous en!

— Mais vous ne vous souvenez pas_____moi? Je vous ai vue sur la plage . . .

— Je vous prie_____me laisser tranquille.

— Mais vous ne voulez pas sortir? Vous êtes en vacances?

— Vous allez vous arrêter_____m'embêter, non! Laissez-moi tranquille, vous commencez_____ m'agacer. Je vais le dire à l'agent.

21   Revision quizzes

A question of time

It is sometimes confusing for English-speaking people when they discover that there are three ways of saying **for** when discussing the time and date in French.

(a)   Looking ahead from now to the future:

J'y vais *pour* une semaine.

(b)   Looking back to a completed period of time in the past:

J'ai dormi *pendant* une heure.

(c)   Describing something that has or had started in the past and that is still, or was still going on up to the moment we are talking about:

Nous sommes ici *depuis* une semaine.
Nous attendions *depuis* une heure.

OR something that has not/had not been happening up to the moment being discussed:

Nous n'avons pas dormi *depuis* deux jours.
(See page 97, depuis.)

A   If you were saying the following in French, which word would you use for 'for'? Do not translate the first five sentences into French!

1   We swam **for** about an hour.
2   I've been hanging around **for** a good half hour.
3   I'll be going **for** several days.
4   **For** a whole month we had no news from him.
5   By that time we had been sitting in the coach **for** ten hours!

How would you say 'for' in the following?

6   Je vous laisse_____5 minutes.
7   On a dansé_____toute la nuit!

8   Garçon! nous attendons d'être servis_____20 minutes.
9   Vous êtes ici_____longtemps***(see below)
10   On ne l'avait pas vu_____trois jours.

***You get a bonus for explaining how the meaning varies according to which word you use in no. 9.

B   How would you say, in French, that:

1   You will be going to France **for** a fortnight.
2   You worked **for** three hours yesterday.
3   Your friends had been waiting **for** an hour when you arrived.
4   Your dog has not eaten **for** two days.
5   You and your parents waited **for** half an hour, then went home.

Can you write the correct tense of the verb given in brackets so that the sentences make sense.

6   Gérard ne (téléphoner) pas *depuis* trois semaines! Cela m'inquiète!
7   On (manger) *depuis* dix minutes quand le téléphone a sonné.
8   Ma famille (partir) en Espagne *pour* trois semaines.
9   Je (essayer) de vous téléphoner *pendant* toute la soirée.
10   Georges est dans la cuisine. Il (faire) sa lessive *depuis* deux heures!

Extra

Pour, pendant or depuis, En/dans

C Pour, pendant, depuis? En, dans? Can you use the right word in the right place to complete this dialogue?

— Tu peux venir à la surprise-partie mardi prochain?
— Non, c'est impossible. Lundi je pars en vacances_____trois semaines.
Ah oui, je me rappelle. Alors, tu veux manger une pizza ce soir à la pizzéria?
Merci, je ne peux pas. Je travaille sans arrêt_____neuf heures. Je suis crevée. J'ai vraiment envie de dormir.
Mais, c'est samedi demain; tu pourras faire la grasse matinée.
Ouf, tu sais que même hier j'ai travaillé_____dix heures! Je n'en peux plus!
Tu travailles trop! Tu es secrétaire chez Gibert et Compagnie_____combien de temps?
_____huit mois, mais je n'y serai plus_____ longtemps parce que j'ai trouvé une nouvelle situation.
Ah, tant mieux! Je savais que tu cherchais un autre poste_____trois mois, mais tu ne m'avais pas dit que tu en avais trouvé un!
Oui, j'ai passé douze entrevues_____trois mois.
Et_____tout ce temps il fallait inventer des excuses pour M. Gibert. Mais ça y est. Je le quitte_____quatre semaines, une semaine après mon retour des vacances!

Time words and expressions including adverbs and conjunctions

D Here is a list of words and phrases describing time. Which tense would you use with each one: past — j'allais, je suis allé(e) — or future — j'irai, je vais aller?

1 Demain
     (or après-demain)
2 Hier
     (or avant-hier)
3 Dans trois jours
4 Il y a deux jours
5 Pour trois jours.
6 Samedi prochain
7 Ce soir

8 Vendredi dernier
9 Ce soir-là
10 En ce temps-là

E More about time.

Here is a list of expressions describing when things happen (time). They are mostly adverbs. (See glossary.) Can you fit them in the right place so that the following dialogue makes sense?

d'abord	de bonne heure
il y a	plus tôt
ensuite	puis
tard	le jour où
plus tard	un jour que
à l'heure	enfin

— A propos, j'ai vu Marcel_____deux jours à la gare!
Ça alors! Comment va-t-il?
Oh, très bien. Toujours pareil. Il est arrivé trop_____pour son train et il l'a manqué. Il n'arrive jamais_____, celui-là!
Eh oui! Tu te rappelles le jour_____on est allé à Sète et où l'on voulait se mettre en route_____?
Eh oui, quelle journée!
_____on a perdu la clef de l'appartement, et_____on ne savait plus où on avait mis les clefs de la voiture!
et_____il a fallu aller chercher une jerry-can d'essence à la station service parce que Patrice avait oublié de faire le plein et on a eu une panne d'essence avant même de partir!
Et quand on a été_____prêts, on s'est aperçu que Marcel n'était pas encore arrivé!
_____, une demi-heure_____le voilà qui arrive sans le pique-nique qu'il avait promis de préparer!
Et quand on s'est mis en route, il était déjà_____, il y avait des embouteillages sur la route, et en arrivant à Sète, on n'a pas pu trouver d'emplacement pour garer la voiture!
Mon dieu, quelle journée! La prochaine fois qu'on organise une excursion à la mer, il faudra partir même avant six heures du matin!
Ah non, même_____que ça si Patrice et Marcel nous accompagnent, et cette fois ce sera un jour_____tout ira bien!

F   Some conjunctions which tell us about the time things occur.

Aussitôt que and *dès que* (as soon as) *quand* and *lorsque* (when), *comme* (as) and *pendant que* (while) are all used to join two halves of a sentence together at the same time as telling us when the action takes place.

   In the following, can you use one of these to join the sentences. You will have to be careful to match the right conjunction with the right tense.

1   Téléphone-moi_____tu arriveras chez toi.
2   Il a cessé de pleuvoir. Les joueurs ont recommencé à jouer au tennis tout de suite.
3   Je me promenais le long de la rivière. J'ai vu au moins 20 personnes qui pêchaient.
4   Il réparait la voiture. Les autres ont dressé la tente pendant ce temps-là.
5   Papa sera bientôt arrivé. On déjeunera immédiatement après son arrivée.

What's the word for 'in' please?

G   In the following sentences, can you find the correct word for 'in' in order to complete the sentence. You can choose from: *de, dans, en, à, (au)* which all mean 'in' in the various contexts.

1   Le train va partir_____une minute.
2   Il fait assez froid_____novembre, je préfère partir_____printemps.
3   Tu crois que tu peux faire tout ça_____un weekend?
4   _____1066 les Normands débarquèrent en Angleterre.
5   On a fait une promenade à 3 heures_____ l'après-midi.
6   Mais en Italie_____été il est préférable de se promener_____nuit, il fait trop chaud l'après-midi.
7   Tu es arrivé juste_____temps pour la voir.
8   _____ce temps-là, on faisait toute la lessive à la main, même les draps!
9   _____XVIIe siècle il y avait un mur autour du jardin.
10   Tiens, c'est Albert. Il est arrivé_____temps pour dîner.

Some more about prepositions and things

(adverbs, conjunctions . . .)
It is surprising how important small words like *à, de, pour, pendant* and *en* are. Sometimes they can change the whole meaning of a sentence, e.g.,

Il a parlé *de* Paul.   Il a parlé *à* Paul.

It is just a matter of learning these. But one or two things are worth mentioning, perhaps.
(a)   If you take things **from** someone, surprisingly, the word to use is *à*, e.g., Je l'ai pris *à* Paul — I took it **from** Paul. You would use *à* with verbs like emprunter (to borrow) and voler (to steal).
(b)   Se souvenir *de* came up in Quiz G (to remember) as a contrast to se rappeler. Other verbs to note are: jouer de (to play an instrument); s'approcher de (to approach); se servir de (to use).
(c)   Verbs which need to be followed by à and a noun are: obéir à (to obey); plaire à (to please); jouer à (to play a sport or game); ressembler à to resemble).
(d)   Je pense *à* ce film — I'm thinking of that film. Que pensez-vous *de* ce livre? What's your opinion of that book?

Prepositions

Can you remember which prepositions to use? You have ten minutes to do each quiz by finding the missing preposition. It will be one of the following: à; pour; de; par; en; dans.
N.B. à + le becomes *au*; à + les becomes *aux*.

H
1   Monsieur Bertrand est parti_____Lyon.
2   La bouteille est tombée_____terre.
3   . . . des fourchettes_____plastique.
4   C'est le plus grand hôtel_____la region.
5   La ville se trouve_____8 km de la plage.
6   _____quelle heure allons-nous déjeuner?
7   J'y vais_____bus.
8   On a fini_____chanter la Marseillaise.
9   Je suis trop fatiguée_____sortir ce soir.
10   Il n'a pas assez d'argent_____le billet.
11   Vous allez_____Espagne?
12   Nous nous sommes approchés_____la voiture en flammes.
13   Vous allez a l'étranger_____été?
14   Il conduit_____100 km_____l'heure.

15 On joue_____badminton?

16 Un kilo_____pommes, s'il vous plaît.

17 Elles sont_____route_____Marseille.

18 _____un beau jour d'été . . .

19 Le camping est entouré_____grands arbres.

20 Ils ressemblent_____leurs parents.

Score

20   excellent

15 – 19   good

10 – 14   you'll get by

Below 10   revision is needed here!

I

1 Quand je fais les devoirs, je regarde la télé_____même temps.

2 C'est un Italien qui vient_____Pise.

3 _____1589 il inventa une machine à tricoter les bas.

4 Je me lave les cheveux deux fois_____semaine.

5 Il va en Ecosse_____huit jours.

6 On y va_____bicyclette.

7 Il joue_____la guitare.

8 L'appareil a été cassé_____Madeleine.

9 Cet homme a volé le portefeuille_____ce touriste!

10 C'est_____premier étage.

11 Il se sert_____un grand couteau.

12 On va partir_____10 minutes.

13 Je suis né_____novembre.

14 Le mécanicien a fini le travail_____une heure.

15 Vous êtes prêts_____partir?

16 Oui, je suis contente_____partir.

17 Il a commencé_____examiner les documents.

18 Nous allons_____Canada.

20 Je pense_____ce film.

Score as quiz H.

J

1 Ils obéissent_____profs? ça dépend_____prof!

2 Encore un peu_____gâteau?

3 C'est le train_____Montpellier?

4 On y va_____pied.

5 J'aime être_____la campagne.

6 Ce garçon plaît_____Marie-Joseph.

7 Il y a trop_____bruit, je ne peux pas dormir!

8 De temps_____temps . . .

9 _____Rome il y a beaucoup_____fontaines.

10 Le parking n'est pas loin_____supermarché.

11 La poste est à côté_____hôtel de ville.

12 Je gagne 20 francs_____l'heure.

13 Cet anorak est_____moi!

14 Il est entré_____le musée.

15 C'est la veste_____ce monsieur.

16 Paul a emprunté un stylo_____Mme Martin.

17 Madeleine sort_____bureau.

18 Vous souvenez-vous_____nos vacances en Irlande?

19 Où as-tu pris ces allumettes? Je les ai prises_____Didier.

20 Il y a des centaines_____vélos_____louer.

Score as previously.